걸으면 행복해지는

지리산둘레길

조영석 지음

걸으면 행복해지는
지리산둘레길

초판1쇄 펴낸 날 | 2019년 7월 19일
초판2쇄 펴낸 날 | 2021년 6월 22일

지은이 | 조영석
펴낸이 | 송광룡
펴낸곳 | 심미안
등록 | 2003년 3월 13일 제 05-01-0268호
주소 | 61489 광주광역시 동구 천변우로 487(학동) 2층
전화 | 062-651-6968
팩스 | 062-651-9690
전자우편 | simmian21@hanmail.net
블로그 | blog.naver.com/munhakdlesimmian
값 18,000원

ISBN 978-89-6381-289-2 03800

·잘못된 책은 바꿔드립니다.
·이 책 내용의 전부 또는 일부를 재사용하려면
 반드시 저작권자와 심미안의 동의를 받아야 합니다.

걸으면 행복해지는

지리산둘레길

한 걸음 한 걸음 더워도 행복했고 추워도 행복했다

조영석 지음

흐르고 소멸하는 시간이기에 바랄 수 없는 바람인 줄은 알지만, 결이야 달라졌어도 길에서 만났던 늙은 서어나무를 비롯한 풀 한 포기, 햇볕 한 줌 모두 안녕했으면 한다. 하물며 나와 눈을 맞췄던 숨 탄 것들이야 더 무얼 말하겠는가. 숲길에서 나는 홀로 노래를 불렀다. 나의 독창이 이 책을 읽는 이들과 함께 듀엣이 되었으면 좋겠다.

심미안

숲길에 들어서며

숲길에 발자국 켜켜이 쌓이면
전설로 흐르는 강물을 보리라

한 해를 마무리하던 2016년의 섣달 마지막 날에 지리산둘레길을 한 바퀴 돌았었다. 그해 시월부터 토·일요일마다 지리산둘레길은 일상이 되었다. 함양군 마천면 '금계'에서부터 무작정 시작한 여정이었다. 폐교를 개조한 '지리산둘레길 함양안내소'에 들러 둘레길 지도 한 장을 구입하면서 대책 없이 둘레길에 빠져들었다.

길을 가는 걸음은 행복했다. 월요일 아침, 눈을 뜨면서부터 토요일이 그리워졌다. 개울을 건너고 마을을 지나 산을 넘으며 길은 700리로 이어졌다. 지리산 능선 위로 펼쳐진 푸른 하늘을 난생처음 본 듯 목이 아프도록 쳐다보고, 어떤 날은 길을 잘못 든 탓에 두 발의 투덜거림을 감내해야 했다.

산길을 걸으며 쉼터나 지나는 마을 상점에 들러 마셨던 막걸리 한 사발의 그 청량함과 지리산 어느 마을에서 보았던 쏟아질 것만 같았던 새벽별은 여전히 가슴 뛰는 설렘이다.

산청군 어디쯤으로 기억한다. 아들이 세상을 버리자 며느리는 자식을 버리고, 하여 손자 한 명과 손녀 둘을 한숨으로 키우던 산골 허름한 상점의 늙은 할아버지와 할머니는 아직도 점심 끼니를 라면 한 그릇으로 때우는지

전설은 길에서 시작된다 길은 길로 이어져 삶이 된다. 700리의 지리산둘레길은 개울을 건너고 마을을 지나 산을 넘으며, 길이 어떻게 하여 삶이 되고 전설이 되는지를 확인하는 과정이다.

서어나무 아래서 "본래 땅 위에는 길이 없었다. 걸어가는 사람이 많아지면 그것이 곧 길이 되는 것이다."『아침 꽃을 저녁에 줍다』라는 산문집에서 중국의 사상가 루쉰이 했던 말이다. 많은 사람이 걸음으로써 생긴 이 길에 나도 발자국 하나 보탠다. 둘레길의 서어나무 숲 아래에 선 글쓴이.

모르겠다. 섬진강변 어느 다슬기 요리 식당은 주인 할머니의 입담과 깔끔한 칼국수 맛을 못 잊어 먼 길을 몇 번이나 찾기도 했다.

서문을 대신하며

이 글은 2016년 4월 초부터 다음 해인 2017년 3월 말까지 24회에 걸쳐 봄 여름 가을 겨울 〈무등일보〉에 격주 간격으로 연재했던 글이다. 1년 동안의 연재 기간 동안 편집의 수고로움을 기꺼이 감내해준 〈무등일보〉 이석희 뉴미디어국장과 김승용 편집장, 이은영 기자님께 감사드린다.

아울러 삶을 동행하듯 산행을 격려해주고 더러는 길벗이 되어준 아내 박애자 님과 딸 은영, 아들 인태에게도 고마움을 전한다. 주말마다 산길에 있을 늙은 아들 걱정으로 '무탈귀환'의 전화를 기다리셨던 어머니께 이 결실을 드린다.

무엇보다 졸고를 책으로 엮을 수 있도록 용기를 심어준 은사이신 김종 교수님과 박혜강 형님, '심미안' 송광룡 대표님께 대한 감사를 빼놓을 수 없다. 세 분의 격려에 힘입어 부끄러움을 무릅쓰고 '출판'이라는 만용을 낼 수 있었다. 길을 가거나 글을 쓰면서 (사)숲길에서 펴낸 『지리산둘레길』이 많은 도움이 됐음을 밝힌다.

　길을 나설 때는 현실의 희비애락을 거실의 TV 안에 그대로 넣어 놓고자 했으나 연재 기간에 일어난 '대통령 탄핵' 등 역사적 사건들이 숲길의 고요를 깨뜨리기도 했음을 고백한다. 흔들리고 터벅거린 발자국이지만 당시의 기록이니만큼 가급적 신문에 연재됐던 원문 그대로 싣는 것을 원칙으로 했다.

　시간과 함께 사람의 생김새가 달라지듯 지리산둘레길도 그 결이 많이 달라졌을 것이다. 최근에는 '목아재-당재' 구간이 폐쇄됐다. 운봉의 람천도 둑길 공사가 지금쯤 모두 끝나 예전과는 다른 모습일 테다. 하지만 숲에서는 발길이 닿은 곳이 길이니 결이 달라졌다 한들 그게 무어 대수겠는가.

　흐르고 소멸하는 시간이기에 바랄 수 없는 바람인 줄은 알지만, 결이야 달라졌어도 길에서 만났던 늙은 서어나무를 비롯한 풀 한 포기, 햇볕 한 줌 모두 안녕했으면 한다. 하물며 나와 눈을 맞췄던 숨 탄 것들이야 더 무얼 바라겠는가.

　숲길에서 나는 홀로 노래를 불렀다. 나의 독창이 이 책을 읽는 이들과 함께 듀엣이 되어 교감될 수 있었으면 좋겠다.

미련함으로 발자국을 찍고

　늦가을의 둘레길은 풍성했다. 온갖 가을꽃이 둘레길을 수놓고 가는 길 내내 노랗게 익어가는 감과 빠알간 꼬마전구 같은 산수유 열매들이 주렁주렁 열려 함께했다.

　날더러, 보았던 그 많은 감과 산수유 열매를 모두 세라고 명한다면 즈믄 해의 시간이 걸린다 해도 열매에 맺힌 하나하나의 감동으로 모두 셀 수 있을 것만 같다.

 길섶 곳곳에 멧돼지 떼의 흔적이 남아 작은 두려움이 앞서던 날, 인터넷을 뒤져 '멧돼지 퇴치법'을 검색하기도 했다. '산행 중 멧돼지를 만나게 되면 얼른 우산을 펴라.'는 내용이 기억에 남는다. 다행히도 우산을 펼 일이 발생하지 않아 효과는 아직도 믿거나 말거나이다.

 욕심인지 미련인지 단 한 걸음도 빼먹지 않고 답사하듯 걸었다. 산을 만나 고개를 넘을 때는 '무슨 둘레길이 등산길보다 더하다.'며 엄살 아닌 엄살을 부리고, 그늘 한 점 없는 제방 둑길을 걸을 때는 '숲으로 길을 낼 것이지.'하는 마음에 투덜투덜 걸었다.

 시간과 마을을 제때 맞추지 못해 계곡물로 주린 배를 달래고, 어떤 날은 총총한 별빛 아래 컴컴한 산길을 더듬으며 예약한 민박집에 도착하기도 했다.

 하지만 그 모든 게 행복했다. 더워도 행복했고 추워도 행복했다. 동행이 있으면 동행이 있어 즐거웠고 혼자서 걸으면 홀로 걸어 행복했다. 한 걸음 한 걸음이 씻김이었을까. 지리산이 안고 있는 슬픈 역사마저 해원된 듯했다.

 우연찮게도 한 해를 보내는 마지막 날에 원점 회귀했다. 지리산둘레길을 완주했다는 뿌듯함보다 "이제 무슨 재미로 사나."하는 허탈감이 앞섰다. 동행했던 아내에게 "정년퇴직하면 은퇴기념으로 다시 돌자."고 했다. 오른손 엄지손가락부터 하나하나 구부리며 두매한짝도 남지 않은 은퇴의 그날을 기약했다.

새해 첫날의 무지개와 해돋이

 지리산 자락에서 하룻밤을 묵은 뒤 2017년의 새해 첫길을 나서는데 남원의 산내마을에서 바라본 지리산 능선 너머로 천왕봉 쪽에는 해돋이가, 바로 옆 왼편 하봉 방향엔 무지개가 나란히 펼쳐졌다. 무지개와 해돋이가

지리산의 일출과 무지개 지리산 천왕봉과 하봉 사이의 같은 방향에서 무지개와 해돋이가 동시에 연출하는 장관은 어떤 행운의 암시였다. 그 행운은 지리산둘레길을 다시 가는 기쁨이다.

같은 방향에서 함께 연출하는 상서로운 장관은 30여 분간 지속됐다. '올해 좋은 일이 있으려나.' 싶었다.

'경사'가 찾아오는 데는 많은 시간이 걸리지 않았다. 〈무등일보〉에서 지리산둘레길 연재에 대한 의향을 타진해 왔다.

다시 지리산둘레길에 나서기로 했다. 지난번에는 가을날에 갔지만 이제는 봄날에 첫 발을 뗀다. 봄옷으로 갈아입은 둘레길은 어떤 모습일까. 그 길에서 나는 무엇을 만나게 될 것인가. 분명한 것은 내가 그 길에서 '행복'을 확인하게 될 것이라는 점이다.

연재는 지리산둘레길의 첫 구간인 남원의 주천에서부터 시작해 평균 1

숲길에 들어서며 · 9

지리산둘레길의 이정목 지리산둘레길에서 길을 찾기란 어렵지 않다. 장승을 닮은 이정목에 새겨진 붉은색과 검은색의 화살표 한 방향을 따라가면 된다. 그래도 글쓴이는 '어리석은 사람도 지혜로워진다.'는 그 지리산의 둘레길에서 몇 번이고 길을 잃었으니….

개 구간을 1회에 소개할 예정이다. 길을 걸으며 만나게 되고 보게 되는 삶과 목숨, 거기에서 느끼는 글쓴이의 사유 등을 기록하고, 독자들을 위해 교통편과 민박집도 더러 소개하겠지만 이는 어디까지나 경험과 메모의 기록에 의존할 계획이다.

교통편과 민박집 정보는 지면 형편상 지리산둘레길 홈페이지(http://jirisantrail.kr)를 참고하거나 지리산둘레길 인월, 함양, 산청, 하동, 구례 등의 안내센터로부터 제공 받기를 권한다.

글쓴이는 여행을 좋아하지만 여행전문가도 아니고 꽃과 풀을 좋아하지만 식물학자도 아니다. 까만 밤하늘의 별바라기를 좋아하지만 천문학자도 아니다. 시인이나 철학자는 더더욱 언감생심이다.

그렇지만 길을 걸으면 누구나 시인이 되고 싶고 누구나 식물학자가, 천문학자가, 인문학자가 되고 싶다. 그 '싶음'을 독자들과 공유하고 싶을 뿐이다.

다만 욕심이 앞서 고양이를 그려 놓고 호랑이라고 우기거나, 오리를 사진 찍어 놓고 백조라고 우기는 우는 경계하고 또 경계할 일임을 안다. 호랑이는 호랑이로, 고양이는 고양이로 그려야 할 것이다. 걷는 것이야말로 인간의 몸짓 중 가장 정직한 행위라고 믿는 만큼 길 걸음의 글 또한 그렇게 기록되어야 한다.

삶의 길은 누구에게나 기적

길을 가면서 내 안의 언어에 귀를 기울일 계획이다. 살랑거리는 바람을 맞으며 내리쬐는 햇살과 함께 걷다가 쉬고, 쉬다가 걸으며 그들의 언어를 배울 것이다.

오래전, 길을 만들며 길을 걸었던 사람들의 숨결을 온몸으로 느끼며 마을 어귀에 서 있는 장승이나 반 천년을 넘어 사는 당산나무의 전설을 헤아리고, 젊은 시절 당산나무가 보았던 지리산의 아픈 역사도 만나게 되리라.

강은 강으로 이어져 바다가 되듯, 길은 길로 이어져 삶이 된다. 돌이켜 보면 삶의 길은 누구에게나 하루하루 기적이다. 그 기적 같은 삶에 세월이 쌓이면 비로소 전설이 된다.

늦가을 햇살에 익어가는 홍시의 속살을 보라. 비바람과 한낮의 더위, 새벽녘의 추위가 어떻게 전설이 되는지를 볼 수 있을 것이다.

길을 걷다 보면 내 삶의 비리고 떫은 맛도 언젠가는 삭이고 삭여져 홍시처럼 전설로 익으리라는 믿음이기도 하다. 내, 홍시로 익어 배고픈 까치의 목구멍을 타고 흐를 수만 있다면 내 삶의 전설도 부끄럽지 않을 것이다.

지리산둘레길을 걷고자 하는 당신에게, 글을 읽는 당신에게 둘레길에서 본 어느 민박집 상호로 인사를 건네고자 한다. 나마스테!

지리산둘레길은 전라북도 남원에서 시작하여 경상남도 함양과 산청, 하동을 거쳐 전라남도 구례를 지나 다시 남원으로 이어지며 5개 시·군 120여 개 마을을 지난다.

둘레길의 구간은 남원의 주천면에서 시작하여 운봉-인월-금계-동강-수철-성심원-운리-덕산-위태-하동호-삼화실-대축-하동읍-서당-원부춘-가탄-송정-오미-난동-방광-산동의 구간으로 나뉘며 총길이가 274Km에 달한다.

하지만 인월에서 금계 구간의 황매암 아랫길이나 성심원에서 어천마을을 경유하여 운리로 가는 길, 대축에서 최참판댁을 거쳐 원부춘으로 가는 길, 오미마을에서 서시천을 따라 난동으로 가는 길 등의 순환구간까지 포함할 경우 족히 300km가 넘는 길이다.

2007년 전라북도 산내면 매동마을에서 경상남도 마천면 창원마을을 잇는 20Km의 시범구간이 개통된 이래 2012년 전 구간이 이어졌다.

인월(062-635-0850)과 함양(055-964-8200), 산청(070-4227-6921) 성심원(055-974-0898), 하동(055-884-0854), 구례(061-781-0850) 등에 여행자를 위한 안내센터가 운영되고 있다(월요일은 쉰다). 여행에 필요한 각종 조언 및 안내를 받을 수 있고 둘레길 지도나 관련 책자, 기념품 등을 구입할 수 있다.

차 례

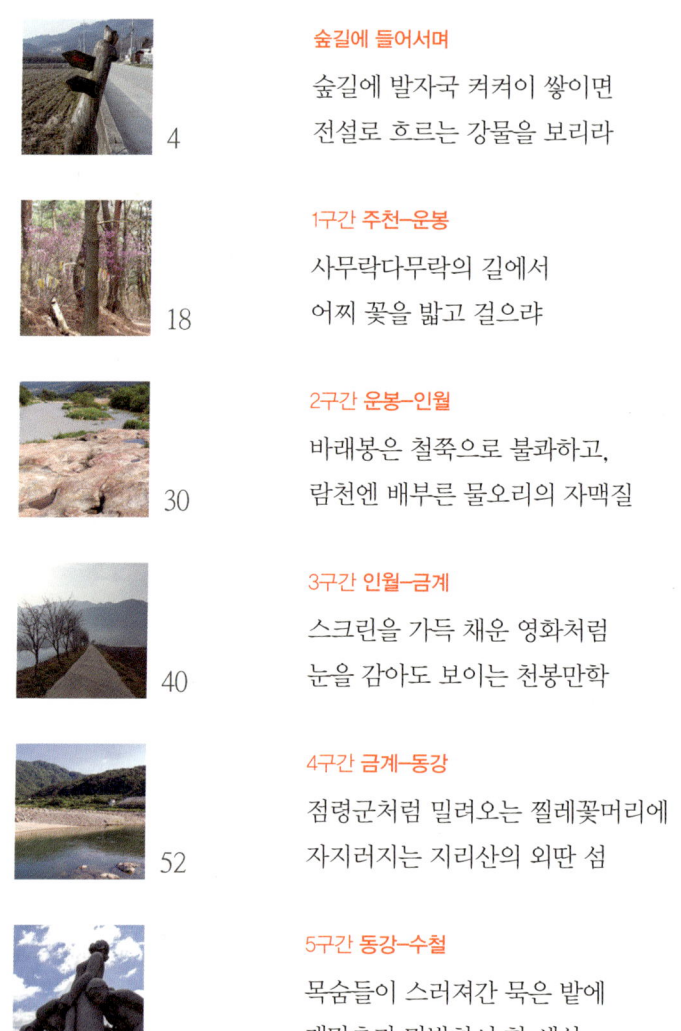

숲길에 들어서며
숲길에 발자국 켜켜이 쌓이면
전설로 흐르는 강물을 보리라
4

1구간 주천−운봉
사무락다무락의 길에서
어찌 꽃을 밟고 걸으랴
18

2구간 운봉−인월
바래봉은 철쭉으로 불과하고,
람천엔 배부른 물오리의 자맥질
30

3구간 인월−금계
스크린을 가득 채운 영화처럼
눈을 감아도 보이는 천봉만학
40

4구간 금계−동강
점령군처럼 밀려오는 찔레꽃머리에
자지러지는 지리산의 외딴 섬
52

5구간 동강−수철
목숨들이 스러져간 묵은 밭에
개망초가 만발하여 한 세상
64

6구간 수철–성심원
사제 간의 정은
경호강의 물길 따라 흐른다
78

7구간 성심원–운리
호랑이 사라진 숲에서
홀로 우는 두견
88

8구간 운리–덕산
숲은 여름새 울음으로 가득 차고,
선비의 기개는 바람결에 날린다
98

9구간 덕산–위태
대숲에선 솔도
대나무처럼 운다
108

10구간 위태–하동호
흔들리는 벼꽃에서
神의 미소를 본다
118

11구간 하동호–삼화실
'왜 걷느냐'고 물었더니
징검다리는 '말줄임표'라 하네
128

12구간 삼화실–대축

지리산에 비가 오면
별들도 마을로 내려온다

13구간 대축–원부춘

운무는 오를수록 짙어가고
길손은 갈수록 서투른 술래

14구간 원부춘–가탄

산이 벽처럼 다가와도
화개에서는 꽃이 핀다

15구간 가탄–송정

숲길에 소슬바람 불어
낙엽은 나비처럼 난다

16구간 송정–오미

가을편지 쌓인 숲길에
애처로운 늦잎의 허망

17구간 오미–방광–난동

명당은 기운을 다해도
명당에 새긴 뜻은 빛난다

18구간 오미–난동
온동의 흐르는 전설은
산동에서 현실이 되고…

206

19구간 난동–산동
산동의 온천수에 피로를 씻고,
산수유 막걸리에 세상을 담고

216

20구간 산동–주천
산골마을의 눈물은
산수유 꽃으로 피어난다

226

21구간 하동읍–서당
어쩌다 잃은 길이
덤으로 오는 행운이었네

238

22구간 목아재–당재
구름도 사람도 쉬어가는
새둥지 같은 마을회관

250

숲길을 나서며
각기 다른 길이 하나로 이어지던 날
길은 내 안의 강이 되어 바다로 간다

262

발문
지리산둘레길의 글탑 • 김 종 시인

270

1구간 주천–운봉

사무락다무락의 길에서
어찌 꽃을 밟고 걸으랴

4월 초순의 아침 공기는 서늘했으나 햇살의 따스함에 이내 녹아들었다. 버스에서 내리니 길 건너 '여기서부터 남원지리산둘레길. 주천–운봉 제1구간 시작점'이라고 쓰인 커다란 안내판이 반갑다.

광주에서 아침 7시 반께 출발하여 2시간 만에 둘레길 시작점에 도착했다. '광주–대구 고속도로'를 달려 남원시외버스터미널 부근의 공터에 승용차를 주차하고 주천행 마을버스로 갈아탄 길이다.

2015년 말에 확장 개통된 고속도로는 차량이 많지 않아 여유로웠다. 사람에게 인격이 있다면 길에도 도격道格이 있을 터. 옛 이름인 '88올림픽 고속도로'에 비해 '광주–대구 고속도로'는 도격이 개과천선이라 할 만하다.

이전의 88올림픽 고속도로는 광주와 대구를 잇는 상징성과 달리 이름부터 생뚱맞았고, 콘크리트 편도 1차선이자 제한속도 시속 80km의 고속도로는 고속도로라고 부르기조차 민망했다.

차량은 상습 정체되기 일쑤인 데다 교통사고는 대한민국 고속도로의 평균치를 2배 가까이 기록하는 대책 없는 저속도로였다.

이름을 바꾸고 기능을 확장한 광주대구고속도로는 이제야 비로소 고속도로의 도격을 갖췄다.

구룡치 진달래길 소나무 숲 사이로 난 진달래 꽃길은 오리가 넘도록 이어지고 꽃길 끝에서는 지리산 능선이 두 팔 벌려 여행자를 맞는다.

하지만 한때 논의됐던 광주의 '빛고을'과 대구의 '달구벌'에서 초성을 차용한 '달빛고속도로'라고 이름 지었다면 더 멋진 명품 도로가 탄생했을 법도 하다는 개인적 아쉬움은 여전히 남는다.

남원시외버스터미널 건너편의 정류장에서 만난 할머니는 주천행 마을버스를 기다리는 나에게 '요놈이 주천으로 간다.'고 알려주었다. '요놈'은 20여 분쯤 달려 둘레길 1구간 출발지에 도착했다. '함께 잘 해보자구, 친구!' 등산화 끈을 조이며 수고할 두 발에게 부탁을 겸한 인사를 두 눈이 건넸다.

진달래 붉은빛은 구룡치에서 절정

주천-운봉 구간은 주천면 소재지인 외평마을에서 시작된다. 외평마을은 옛날 한양으로 가는 큰길에 터를 잡고 있다.

길은 개울과 그 개울보다 폭이 조금 더 넓은 개천을 잇따라 건너면서 시작된다. 개천의 이름은 원천천源川川으로 지리산 구룡계곡을 따라 흘러내린 여러 지류가 모인다.

원천천을 건너 처음 만나게 되는 내송마을을 지나 왕복 2차선의 콘크리트 차도를 건너면서 길은 논틀길로 이어진다. 산길 들머리에서 뒤돌아본 풍경은 끝없이 펼쳐진 논밭으로 가득 차고 농부의 부지런한 손길이 봄날의 검은 대지를 깨운다.

"인심은 좋은 곳인디, 아무것도 없어. 논농사가 전부여!" 버스정류장에서 주천으로 가는 '요놈'을 가리켜주었던 할머니 말씀이 새롭다.

해발 500m쯤 되는 지리산 산골마을인 주천과 운봉은 예상과 달리 밭농사보다는 논농사가 생업의 주를 이룬다. 높게더기는 물론, 돌비알을 깎아 만든 질땅은 절망을 희망으로 일군 억척같은 삶의 징표다. 여든여덟 번의 손이 가야 벼가 쌀이 된다는 입립신고粒粒辛苦의 그 고단함을 내 어찌 다 가늠할 수 있으랴 싶다.

논틀길이 끝나면서 길은 숲으로 접어들고 곧이어 개미정지라는 쉼터가

길을 오가던 사람들이 소망을 빌며 쌓았던 사무락다무락의 돌탑.

반긴다. 개미정지는 뿌리를 드러낸 채 서 있는 늙은 서어나무 몇 그루와 함께 자리하고 있다. 목을 축이고 땀을 식히기 위해 옷가지 하나를 허물 벗듯 벗겨냈다. 절대적 교통수단이 두 발이었던 시절, 운봉읍으로 장보러 가던 사람들이 지난한 삶을 잠시 내려놓고 가쁜 숨을 골랐던 쉼터다.

길은 구룡치까지 2km 남짓 오르막이다. 깔끄막 치받이길은 아니지만 중간중간 트이는 조망을 눈보다 발이 먼저 보고 쉬어가자고 조른다. 길섶에는 진달래꽃과 생강나무꽃이 각기 홍紅 황黃의 낯빛으로 봄 산을 물들이고, 꽃잎 하나 뜯어 입에 물면 봄은 몸 안에서 자지러진다.

진달래 붉은빛은 구룡치에서 절정에 달한다. 이켠에선 꽃망울 함초롬히 피어나는데 저켠 양지쪽 꽃잎은 벌써 이울고 있다. 꽃잎보다 붉은 꽃망울은 소녀의 초경처럼 설레어 수줍고, 꽃잎이 깔린 산길은 발길이 조심스럽다.

남원 8경 가운데 제1경으로 꼽히는 구룡폭포.

지뢰보다 징한 꽃잎

> 나 보기가 역겨워 가실 때에는/말없이 고이 보내 드리오리다/영변에 약산 진달래꽃/아름 따다 가실 길에 뿌리오리다/가시는 걸음걸음 놓인 그 꽃을/사뿐히 즈려 밟고 가시옵소서…
>
> – 김소월의 시「진달래꽃」중에서

소월은 '나를 버리고 가시는 길에 진달래꽃을 깔아 놓을 테니 그 꽃잎을 짓밟고 가라'고 했다. 꽃잎 하나 입에 물기도 이리 망설여지는데 얼마나 모질면 꽃잎을 부러 짓밟고 가랴. 그 정도면 님이 아니라 웬수다. 웬수 중에서도 상웬수가 아니고서야 지뢰를 밟을지언정, 어찌 꽃잎을 짓밟고 갈 수 있겠는가.

소월은 눈꼽 만큼도 '고이 보내 드리고' 싶은 마음이 없었나 보다. 내심 '꽃잎을 뿌려 놓으면 너는 죽어도 못 갈 것이다.'라는 계산된 배짱이 아니었을까. 가시는 님의 정이 애달거든 발길에 꽃잎을 뿌려 드릴 일이다. 지뢰보다 징 한 게 꽃잎이다.

구룡치에서 회덕마을까지의 길은 걷기에 편하다. 완만한 내리막 경사는 가뿐하고 '사뿐히 즈려 밟고' 걸을 수 있는 낙엽들은 소복하다.

소월의 마음을 헤아리며 한참을 걷는데 길 왼편에 대여섯 개의 돌탑이 세워져 있다. '사무락다무락'이라 불린다. '소망'과 '담벼락'이란 지역 방언의 합성어가 사무락다무락이다.

고갯길을 오가던 사람들이 돌멩이를 하나둘 쌓으며 소원을 빌던 곳이다. 돌탑마다 쌓인 소원들은 무엇일까. 소원은 이뤄졌을까. 나는 무엇을 소망하는가.

돌탑에 소망 하나 얹으려고 하는데 돌멩이가 없다. 주변의 돌멩이들이 모두 소원을 담은 등기우편이 되어 탑으로 올라간 탓이다.

노치마을을 지나면 오른쪽으로 밭이랑 너머 바래봉에서 정령치까지의 지리산 서북능선이 병풍처럼 펼쳐진다.

억새로 지붕을 얹은 회덕마을 초가.

　돌멩이 대신 길섶 양지쪽에 노랗게 핀 양지꽃이 눈에 들어왔다. 꽃은 하나 둘 셋 넷, 네 송이가 일란성 쌍둥이처럼 피었다. 왜 이제야 보일까. 양지꽃은 없는 것이 아니라 못 본 것이라고 내게 말하고 있다. 보지 못하고, 느끼지 못한다 하여 없다고 하는 것이 어찌 길가의 양지꽃뿐이랴. 소망이나 행복이라는 것도 그럴 터이고 신의 손길 또한 그러하지 않겠는가.

충무공 동상처럼 당당한 느티나무
　사무락다무락을 지나 회덕마을 향해 가다 보면 오른쪽으로 뻗어나간 조그마한 샛길이 하나 보인다. 구룡폭포로 가는 길이다. 구룡폭포는 비스듬히 누운 30m의 와폭으로 남원 8경 중 제1경으로 꼽힌다. 폭포 상단까지는 300여 개의 계단을 올라야 한다. 하늘로 오르는 계단 끝에 서면 비로소 폭포는 자태를 드러낸다. 오르내리며 '곱하기 2'의 계단 수가 버겁지만 폭포의 절경은 허벅지의 뻐근함을 보상하고도 남는다.
　산길이 끝나면 작은 개울을 지나 회덕마을이다. 마을 초입, 왼쪽으로 짚

행정마을의 서어나무 숲.

대신 억새를 이용해 지붕을 얹은 샛집 두 채가 보존돼 있다. 평야보다 임야가 많은 탓이다. 전라북도 민속자료로 지정됐다. 회덕마을은 남원장을 보러 운봉과 달궁에서 오는 길들이 모인다고 해서 예전엔 '모데기'라고 불렀다.

발길은 낙락장송이 되어 가는 무덤가의 도래솔을 지나 논틀밭틀길을 따라 백두대간이 관통하는 마을로 유명한 노치마을로 이어진다.

노치마을회관 앞에 서 있는 500년 수령의 느티나무는 마치 광화문 광장의 이순신 장군 동상처럼 당당하고 듬직하다. 느티나무 밑에는 까만 오석에 새긴 백두대간 표지석과 어른 한 아름 크기의 둥근 돌 5개가 놓여 있다. 일제가 백두대간의 맥을 끊기 위해 땅을 파고 묻어 놓았던 돌을 찾아 이곳으로 옮겼다.

억새가 많은 마을이라 하여 원래는 갈재였으나 한자 이름의 노치蘆峙로 바뀌었다. 노치는 섬진강과 낙동강이 나뉘는 분수령으로 비가 내려 왼쪽으로 흐르면 섬진강으로, 오른쪽으로 흐르면 낙동강으로 유입된다.

행정마을의 서어나무 숲

　마을회관 앞 쉼터에 앉으니 12시 방향으로 고리봉이 성큼 다가선다. 싸가지고 온 군고구마가 꿀맛이다. 시간은 낮 12시를 넘어서고 운봉까지는 7.3km 남았다. 구간의 절반쯤 왔나 보다.

　노치마을을 지나 덕산저수지를 끼고 길은 다시 산기슭으로 들어선다. 1시 방향의 바래봉부터 5시 방향의 정령치까지 지리산 서북능선이 병풍처럼 오른편으로 기다랗게 펼쳐진다. '산맥'의 의미를 눈으로 실감하는 순간이다.

　산맥의 장관이 보여 주는 감탄사가 서서히 줄어들 때쯤 길은 가장마을의 제방길로 이어지면서 행정마을을 거쳐 마침내 운봉읍에 다다른다. 가장마을에서 운봉까지 5km 남짓의 공안천 제방 둑길에는 벚꽃나무가 길 왼쪽에 심어져 있어 풍치를 더한다. 둑길은 공안천의 오른편에 있는가 하면 왼편으로 끼고 돌고 어느새 다시 오른편에 위치하며 운봉읍으로 안내한다.

　운봉읍 도착 직전의 마을인 행정마을 초입에는 행정교가 놓여 있고 여기서 잠시 멈춰 왼쪽으로 인공으로 조성된 숲이 보인다. 행정마을의 유명한 서어나무 숲 비보림裨補林이다.

　한 스님이 이곳을 지나다 "사람이 살 터가 아니니 마을의 기운이 허한 북쪽에 나무를 심으라."고 하여 숲이 조성됐다는 전설이 비보림에 얹혔다.

　지리산둘레길 초창기에는 둘레길 코스에 포함됐으나 현재는 보존을 위해 제외됐다. 제1회 '아름다운 숲 전국대회' 대상 수상지로 100년 이상 된 70여 그루의 서어나무가 숲을 이루고 있다.

　임권택 감독의 〈춘향뎐〉 촬영 배경장소이기도 하다. 춘향이가 치마폭을 날리며 탔을 법한 그네가 놓여 있으나 '족지足地 분리공포증'을 앓고 있는 길손은 그네 타는 것은 포기했다.

　대신 운봉읍 길가 허름한 국밥집에 들러 막걸리 한 사발로 지리산둘레길 1구간 완주 기념을 자축했다. 자축에는 인월로 향하는 2구간의 시작도 포함됐다.

길 안내

주천-운봉 구간은 지리산둘레길의 첫 구간에 해당된다. 주천(외평)-내송(1.7km)-개미정지(0.3km)-솔정지(1.9km)-구룡치(0.3km)-사무락다무락(1.5km)-회덕(1.2km)-노치(1.2km)-가장(2.2km)-행정(2.7km)-양모사업장(1.5km)-운봉읍(1.2km)까지 15.7km에 달한다. 걷기에 어려운 구간이 아니므로 쉬엄쉬엄 갈 경우 숲길은 시간당 2.5km를 기준으로 삼으면 적당하다.

지리산 서북 능선을 바라보며 주천에서 가장마을 입구까지는 숲길과 농로로 이뤄져 있고 이후 운봉읍까지는 제방둑길이 대부분이다.

광주에서는 승용차로 주천까지 1시간 정도 소요된다. 초행길이라면 길 안내는 '주천치안센터'를 목적지로 설정하거나 '지리산둘레길 1코스'를 지정해도 된다. 원점회귀를 감안하여 대중교통을 이용할 경우 남원시외버스터미널에 내려서 주천행 마을버스로 갈아타면 된다. 소요시간은 20분 이내이나 버스 배차 간격이 1시간 30분에서 2시간 간격임을 감안해야 한다. 출발지에 주차장과 깔끔한 화장실 시설이 갖춰져 있다.

행정마을로 가는 길에 만난 벚꽃의 향연.

2구간 운봉–인월

바래봉은 철쭉으로 불콰하고, 람천엔 배부른 물오리의 자맥질

길은 어떤 사람에게는 선택이지만 어떤 사람에게는 운명이다. 지리산둘레길 2구간은 선택의 길과 운명의 길이 충돌하면서 그 길에 목숨을 걸었던 사내들의 거친 숨결이 살아 있다.

운봉초등학교 건너편 서림공원에서 람천 둑방길을 따라 시작하는 운봉–인월 구간은 첫걸음부터 역사의 현장과 맞닥뜨리게 된다.

공원 초입의 좌우에는 험상궂으면서도 익살스러운 표정의 돌장승이 서로 마주 보고 서 있고, 한 걸음 건너 왼편에는 9기의 비석들이 사열을 기다리는 병사처럼 도열했다.

마을 사람들은 이들 돌장승을 부부장승이라고 부른다. 오른쪽의 '방어대장군'이 남편이고 왼쪽의 '진서대장군'이 아내이다. 남편은 마을 동쪽의 허한 곳을 지키고, 아내는 서쪽의 악한 기운을 누른다.

운봉에는 유독 돌장승이 많다. 남원시에 있는 16기의 돌장승 가운데 15기가 운봉읍에 있다. 운봉의 역사와 지리적 환경이 낳은 산물이다.

돌장승과 갑오토비사적비

운봉은 삼한시대 가야와 마한의 국경이었고 삼국시대에는 백제와 신라

바래봉 들머리에서 바라본 운봉의 들녘 기나긴 세월 동안 들판을 달리는 말 울음 소리가 바람 소리를 대신했다.

서림공원의 돌비석 왼쪽 첫 번째 제일 큰 비석이 아낙네들의 빨래판으로 이용됐던 '갑오토비사적비'이다.

진서대장군.

방어대장군.

의 최접경이었다. 더구나 기나긴 왜구의 침탈과 임진왜란 등을 온몸으로 겪어야 했다. 오랜 세월 말 달리는 소리가 운봉고원의 바람 소리를 대신했다. 동학혁명과 6·25동란도 이 땅은 비켜서지 못했다.

평안을 바라는 사람들의 염원은 간절했고, 그 간절함이 돌장승으로 표현됐다. 돌장승은 백제의 백성에서 어느 날은 신라의 백성이 되고, 그런가 하면 이웃과 형제가 관군과 농민군으로 징집돼 서로의 목숨을 빼앗아야 했던 기구한 운명들이 하늘에 올린 기도문이다. 왜구에 베이고 끌려가며 풀뿌리와 나무껍질로 주린 배를 달래야 했던 백성들의 눈물이다.

줄지어 서 있는 비석에도 평안치 못했던 운봉의 역사가 담겨 있다. 당산나무 건너편에 있는 첫 번째 비석은 한쪽 귀퉁이가 깨어져 나가고 비문도 절반 이상 훼손됐다. 갑오토비사적비甲午討匪事跡碑이다. 말 그대로 '갑오년 도적을 때려잡은 공적을 기록한 비석'이다.

갑오동학혁명 당시 김개남의 동학군을 운봉의 향리였던 박봉양이 민보군을 결성, 방아치와 관음치 전투에서 격퇴시킨 공적을 새겨 놓았다. 박봉양의 문중에서 세웠다. 비석은 동학의 영남 진출이 좌절된 기록이기도 하다. 세월이 흘러도 분노는 남는가. 빨래터에서 아낙네들의 방망이질을 당하고 있던 것을 찾아 서림공원에 옮겨 놓았다.

외눈이었던 탓에 '일목一目장군'이라고도 불렸던 박봉양은 후일 지금의 운봉초등학교를 세워 후진을 양성하는가 하면 항일의병장으로도 활약, 획일적 평가를 거부하는 인물이다.

성리학적 양반사회의 기득권을 지키고자 했던 박봉양의 길과, 억압과 모순을 뚫고 새로운 세상을 열고자 했던 김개남의 길이 운봉을 무대로 삼아 한판 승부로 맞부딪힌 것이다.

서림공원에서 시작한 람천 둑방길은 이성계의 왜구 토벌비가 있는 비전마을까지 샛길 없는 외길로 10리쯤 이어진다.

람천은 지리산에서 흘러내린 물이 모여 운봉을 지나 인월, 용유담, 경호강, 남강을 거쳐 낙동강으로 흐른다. 둑방길은 경운기가 다닐 만큼 넓어 가족 단위로 걷기에 알맞다.

그늘을 선사하던 둑방길의 벚나무도 얼마 못 가 람천 정비사업으로 자취를 감췄다. 찔레꽃머리의 햇살은 창끝처럼 따갑게 온몸의 세포를 파고든다.

오른쪽 들판 넘어 바래봉은 철쭉꽃으로 물들어 불과할 테지만 왼편의 람천에서는 배부른 물오리들의 한가한 자맥질이 심심찮다. 정수리 위에서 내리쬐는 한낮의 태양이 만든 어린애 같은 내 그림자와 함께 걷기를 한 시간 남짓, 둑방길이 끝나고 대첩교 건너 비전마을이다.

황산대첩과 피바위, 그리고 조선 건국

비전마을 어귀에는 가왕 송흥록宋興祿 생가와 그 왼쪽에 이성계의 '황산대첩비지荒山大捷碑址'가 인접해 있다. 황산대첩의 현장인 피바위는 인월 방향의 람천에 남아 있다.

바위는 붉은 핏자국으로 얼룩진 채 수백 년 전의 사건을 뚜렷이 기억하고 있다. 피바위의 증언을 먼저 들어보자.

> 1380년 고려 우왕 6년. 삼도 도원수 이성계는 2천 명의 군사를 이끌고 이곳에서 왜장 아지발도가 이끄는 2만여 명의 왜구를 맞아 싸우고 있었다. 전투가 길어지면서 날이 어두워지자 이성계가 하늘을 우러러 '달을 뜨게 해 달라.'고 기도를 드렸다. 기도에 응답하여 밝은 보름달이 떠올랐다. 휘하장수 퉁두란이 아지발도의 투구를 쏘아 맞추자 적장은 투구 끈이 벗겨지는 것을 막으려고 입을 벌렸다. 이때를 놓치지 않고 도원수의 화살이 아지발도의 벌어진 입을 꿰뚫었다. 왜구는 섬멸됐고 핏자국은 바위에 남았다.
>
> – 출처 『남원시지南原市誌』

람천의 피바위 피바위에 서면 바위를 적신 흥건했던 붉은 피가 금세 다시 흐를 것만 같다.

훗날 조선을 개국한 이성계의 무용담이 「용비어천가」의 '해동육용海東六龍이 나르샤, 일마다 천복이시니…'처럼 유쾌하다. 인월引月이라는 지명은 '달을 뜨게 해 달라.'는 이성계의 기도에서 유래했다.

피바위는 아지발도를 비롯한 왜구들이 흘렸던 피의 흔적인 양 붉게 물들어 있다. 피바위에 서면 바위를 적신 흥건했던 피가 금세라도 다시 흐를 것만 같고, 신음 소리와 피비린내가 진동하는 듯하다. 피의 흔적은 소름끼칠 만큼 사실적이다.

엄연한 사실에 무심한 시간들이 켜켜이 쌓여 전설이 됐다. '왜구'라는 이름으로 이국의 낯선 땅에서 원귀가 된 그들의 영혼 또한 이제는 편히 쉬기를 바랄 뿐이다.

황산대첩은 이성계의 명성이 고려 땅에 울려 퍼지는 계기가 됐다. 이는 그가 후일 조선을 세우는 원동력이 된다. 피바위는 조선 건국의 계시이자 시발점인 셈이다.

하지만 이곳 피바위는 지리산둘레길의 으뜸가는 현장임에도 불구하고 어찌된 영문이지 둘레길에서 제외돼 있다. 구간에 포함됐으면 하는 아쉬움이 크다.

피바위는 황산대첩비를 지나 군화동 마을 끝에서 24번 국도를 따라 인월 방향으로 1km쯤 직진해야 한다. 그 후 왼쪽의 '달오름 마을' 초입에서 람천 둑길을 따라 U턴하여 800m쯤 거슬러 오르면 체험하듯 바위를 살펴볼 수 있다.

람천 둑길 끝에서 만나는 황산대첩비지는 이러한 이성계의 업적을 기리기 위해 선조 때 건립했다. 마을 이름 또한 비碑 앞에 있다 하여 비전碑前마을이다.

하지만 아지발도의 후손들은 임진왜란과 한일합방으로 다시 한 번 운봉을 휩쓸고 지난다. 정유재란 때는 운봉을 거친 왜군이 남원성에서 저항하던 1만여 명의 조선 병사와 주민들을 도륙하고, 일제의 조선총독부는 황산대첩비를 정으로 쪼아 비문을 훼손하고 파괴했다. 이때 파괴된 황산대첩비의 부서진 조각이 파비각破碑閣에 보존돼 있다.

부끄러운 역사를 정으로 쪼아 없앨 수 있다고 믿는가 보다. 일제의 어리석음은 위안부 문제에서 보듯 정에서 돈으로 바뀌었을 뿐 여전히 진행형이다.

동편제와 거문고 가락의 본고장

마을 어귀에는 가왕 송흥록의 생가와 국창 박초월의 생가가 나란히 복원돼 있다. 동편제 창법을 창시, 판소리의 중시조로 추앙받는 송흥록은 귀신 울음소리를 내는 귀곡성과 가장 느린 장단인 진양조를 완성했다.

국악계는 송흥록으로 인해 판소리의 표현력이 증대되고 민족 예술로 발전하는 기틀이 마련됐다고 평가하고 있다. 신재효는 송흥록의 노래 솜씨를 당나라 시인 이태백에 비유했다. 송흥록은 운봉 출신이고 박초월은 순천

동편제의 창시자인 가왕 송흥록의 생가.

출신이나 운봉에서 성장했다.

예전에는 비전 마을 앞에 하마정이 있었다. 길을 가는 사람이 말에서 내려 황산대첩비를 보고 절을 하는 곳이다. 하마정에는 기녀와 소리꾼이 상주했다. 비전마을이 동편제의 발상지가 된 것도 우연이 아니다.

방문록에 이름을 적은 뒤 마을 어귀 당산나무 그늘 아래 앉아 한 줄기 바람으로 창살 같은 햇볕을 털어냈다. 송흥록의 생가에서 기계음의 판소리 한 가락이 끊어질 듯 이어지며 귓전에 파고든다.

길은 비전마을과 군화동마을을 거쳐 람천 위 화수교를 지나는 24번 국도를 건너면서 새롭게 시작한다. 이정표처럼 위치한 리조트건물(현재는 폐업)을 끼고 가파르게 오르다 보면 계곡을 막아 조성한 옥계저수지를 만난다. 저수지 물 위에 드리운 산 그리메가 세를 잃은 햇살을 받아 서늘하다.

이곳 옥계동은 신라 경덕왕 때 거문고의 대가인 옥보고가 50년 동안 은거하면서 30여 곡의 거문고 가락을 지었다는 곳이다.

민초들의 아픈 역사가 아로새겨져 있는 운봉은 이처럼 동편제의 발현지

전촌마을 입구의 소나무 숲.

이자 거문고 가락의 본고장이기도 하다. 아픔이 상처로 남으면 원한이 되지만 아픔이 노래가 되면 치유가 되는 법이다. 운봉의 지리산둘레길은 아프지만 치유의 길이다.

길 양편 오리나무의 호위를 받으며 고개에 오르는데 저만큼 은사시나무 몇 그루가 빼꼼히 얼굴을 내밀고 인사를 건넨다. 흥부골자연휴양림을 지나면 인월까지 계곡을 따라 내리막길이다. 해는 서산으로 기울고 내 그림자만 훌쩍 컸다. 인월이 멀지 않음이리라.

길 안내

조선시대 통영에서 진주와 남원, 전주를 거쳐 한양으로 가던 통영별로가 지나던 곳으로 24번 국도와 연하여 있다.
서림공원–전촌마을(3.6km)–비전마을(0.2km)–군화동마을(0.9km)–옥계저수지(1.1km)–흥부골자연휴양림(2.1km)–월평마을(1.7km)까지 9.6km 구간이다.
오른쪽으로 바래봉과 고리봉을 잇는 지리산 서부능선을 조망하고 왼쪽으로는 수정봉과 고남산으로 이어지는 백두대간을 바라보며 걷는 길이다.
옥계호부터 흥부골자연휴양림 구간의 숲길을 제외하면 대부분 그늘이 없는 제방둑길이나 콘크리트길이어서 걷기에 조금은 불편하다. 그러나 둘레길 가운데 옛길에 얽힌 역사적 흔적과 인물들의 숨결을 가장 생생히 느낄 수 있는 구간이다.
광주에서 승용차로 운봉까지는 1시간 남짓 소요된다. 길 안내는 '서림공원'을 목적지로 설정하면 된다. 대중교통을 이용할 경우 남원시외버스터미널에서 내린 뒤 건너편 정류장에서 운봉행 버스로 갈아탄다. 주천행과 달리 운봉행은 20~30분 간격이다.
종점인 인월의 월평마을에 민박집이 많고 1km쯤 떨어진 인월면에는 깨끗한 모텔도 있어 숙소와 식사 해결은 불편하지 않다. 색다른 음식을 원한다면 월평마을 '지리산나물밥'의 나물밥이나 지리산둘레길 3구간 출발지인 구인월교 건너 '두꺼비집'의 어죽을 먹어 볼 만하다. 저녁이라면 '지리산나물밥' 마당 건너편 'DaDa 갤러리' 노천카페에 들러 밤하늘 별빛을 조명 삼아 맥주나 지역 막걸리인 '야관문'을 한잔하는 것도 둘레길이 주는 운치다. 도회풍을 기대한다면 인월안내센타(063–635–0859) 인근 '제비' 카페에서 흐르는 음악과 함께 분위기를 타는 것도 괜찮다.

3구간 인월-금계

스크린을 가득 채운 영화처럼
눈을 감아도 보이는 천봉만학

어제 저녁 월평리 '지리산 나물밥' 민박집에서 먹었던 나물밥과 '야관문 막걸리' 한 병으로 제동이 걸렸어야 했다. 어둠은 스믈스믈 다가왔지만 잠은 멀었고 민박집 마당 건너편의 울타리 없는 야외 카페는 고즈넉했다. 홀로 가는 여행객에게 거부하기 힘든 유혹이었다.

한옥을 개조해 카페로 꾸민 'DaDa갤러리 카페'의 도회풍 색채는 산골마을과 낯설은 조합이면서도 잘 어울렸다. 외부의 마을 벽화는 무대의 스크린처럼 카페와 2인칭으로 만나고 내부의 서양화는 키 작은 의자와 함께 1인칭이다. '수면제로 딱, 한 병!'은 약속이 아니라 명분이었고 결과는 기망이었다.

박인환의 「목마와 숙녀」처럼 맥주병에 별이 떨어지고 그 술병이 바람에 쓰러질 때쯤, 합석했던 주인이 지리산 약초로 담궜다며 더덕주 등 몇 가지 담금주까지 꺼내 왔다.

서울에서 미대를 졸업한 젊은 주인은 2015년 말, 아무런 연고도 없는 이곳에 터를 잡았다고 했다. 그때서야 'DaDa갤러리'라는 상호를 이해할 것 같았다. 하지만 굳이 '다다이스트dadaist'냐고는 묻지 않았다. 어둠은 취기와 함께 깊어갔고 별들은 지리산 밤하늘을 수놓았다.

지리산둘레길 '인월-금계' 구간은 임도와 숲길, 제방길 등으로 이어지며 곳곳에 목을 축이거나 허기를 달랠 수 있는 쉼터가 많아 가족 단위로 걷기에 알맞다. 건너편으로 보이는 고개가 남원과 함양을 가르고, 이어주는 등구재이다.

남원과 함양을 가르는 등구재를 넘어 창원마을에 이르면 목적지인 금계마을까지 천왕봉을 비롯한 지리산 주능선이 거대한 산맥으로 길손을 반긴다.

　전날 밤의 예정에 없던 이벤트로 인해 사나워진 위장을 청국장으로 달래고 계획보다 1시간 늦은 아침 8시쯤에야 등산화 끈을 조여 맸다.
　지리산둘레길 인월-금계 구간은 인월면소재지 달오름마을과 월평마을을 잇는 구인월교에서 오른쪽으로 활처럼 휘어진 람천 제방길을 따라 시작한다.
　제방길 벚나무에는 폭죽처럼 터지던 꽃잎의 추억이 까맣게 열리고 람천의 물안개는 아침 햇살에 몸을 풀었다.
　1.5km쯤 이어지던 람천 제방길이 끝나면 길은 60번 지방도로 이어지고 한 마장쯤 더 가면 3구간의 첫 번째 마을인 중군마을이 모습을 드러낸다. 본업인 농사 외에도 호두와 잣, 송이 채취 등으로 유명한 마을이다.
　임진왜란 때 이곳에 중군이 주둔한 연유로 마을 이름이 중군리 또는 중군동이라 불리어졌다.

중군마을과 할머니의 날달걀

마을은 소담한 벽화와 함께 서울 북촌한옥마을의 일부를 옮겨 놓은 듯한 까만 기와집 40여 호가 고풍스레 자리하고 있다. 풍광에 반해 마을 안길로 들어서는데 뒤에서 "둘레길은 이쪽이요!"라는 목소리가 발길을 붙든다. 머리를 곱게 쪽진 할머니가 대문에 기대어 웃고 계신다.

중군마을의 류옥자 할머니는 '단장도 하지 않은 얼굴로…' 하시면서도 기꺼이 포즈를 취해 주셨다.

"기와집이 예뻐서 구경하고 있다."는 말에 "집 구경을 하려거든 들어와서 우리 집을 보라."며 초대하는데 어찌 거절하랴. 마당엔 잔디가 깔리고 곳곳에 수선화와 철쭉 등의 화초가 할머니의 쪽진 머리처럼 잘 가꿔져 있다.

할머니가 손수 만들었다는 생강차를 내왔다. 운봉이 고향인 류옥자 할머니(78)는 10남매의 장남이던 할아버지에게 시집와 아들 딸 여섯을 낳아 모두 출가시켰다고 했다. 할머니의 지난했던 이야기를 듣느라 차 마시는 것을 잊고 있는데 "왜, 맛이 없어?"라며 내 얼굴을 바라본다. "그럴리가요! 지금껏 마셔 본 생강차 중에서 최곱니다." 내가 웃자 할머니도 따라 웃었다.

배낭에서 컵라면과 초코릿을 꺼내어 떠맡기다시피 하고 집을 나서려는데 할머니가 닭장에서 막 낳은 달걀 한 개를 가져와 "출출할 텐데 먹고 가라."며 손에 쥐여 줬다.

날달걀의 비릿함이 어린 시절의 추억을 소환했다. 시골집의 암탉들은 여기저기 돌아다니며 알을 낳았고, 소년은 보물찾기하듯 찾아다니곤 했다. 가끔씩 날달걀에 구멍을 낸 뒤 마지막 한 방울까지 빨아 먹다 보면 젖혀진 고개 위에서 푸른 하늘이 내려다보고 있었다.

할머니는 기어이 한참을 걸어 마을 밖 둘레길 합류지점까지 바래다주는 것을 자청했다. 여행객의 가슴이 오월의 햇살처럼 따사롭게 데워졌다. '나도 누군가의 가슴을 이토록 따사롭게 데운 적이 있을까?' 곰살궂은 할머니의 마음을 헤아리며 걸음을 재촉하는데 길이 두 갈래로 나뉜다. '황매암 3거리'다.

왼쪽은 삼신암 방향의 내리막 포장길이고 오른쪽은 황매암 방향의 숲으로 접어드는 오르막 포장길이다. 선택을 요구하는 갈림길에서 선택받지 못한 길을 생각하며 황매암 방향의 오르막으로 발길을 뗐다.

황매암 초입에는 '석천石泉'이라는 편액이 붙은 약수터가 있다. 물은 통나무를 타고 바위를 깎아 형상화 한 연꽃 안으로 모여 흘렀다. 약수터를 덮고 있는 기와지붕의 유려한 처마 선은 갈증을 깨웠고 발길은 연가시처럼 우물로 갔다. 황매암의 석천 양옆으로 홍매화가 한창이다.

황매암을 지나서 길은 비로소 구불구불 숲길로 들어선다. 나무는 손을 뻗어 그림자를 드리우고 산새는 짙은 나무그림자에 숨어 흥얼거린다.

오르내리는 숲길을 따라 황매암에서 30여 분 가다 보면 포장된 임도와 만나는 '수성리 3거리'에 도착한다. '수성리 3거리'는 앞서 '황매암 3거리'에서 삼신암 방향을 따라 걷는 길과 만나는 지점이다.

황매암 쪽과 달리 삼신암 방향의 길은 람천 계곡을 왼쪽에 두고 평지처럼 걷다 수성대 계곡과 합류하는 지점에서부터 오르막길이다. 길을 걷는 내내 계곡물이 빚어내는 크고 작은 쏠과 소의 흐르는 물소리가 황홀감을 선사한다.

황매암과 암자 초입의 우물인 '석천'.

수성대엔 병사들의 두런거리는 소리

'수성리 3거리'에서 오르막 포장도로를 따라 걷다 보면 길은 오른쪽으로 바래봉과 덕두산 방향으로 가는 백련사 이정표를 지나 임도 왼쪽의 수성대 계곡으로 향하는 숲길로 꺾어진다. 꺾어진 길은 수성대와 맞닥뜨린다. 수성대는 조선시대 산성을 지키던 군사인 수성군이 잠복한 데서 유래한 지명이다. 잠시 쉬어 땀을 훔치다 보면 바삐 흐르는 계곡물과 울울창창한 나무 사이로 병사들의 두런거리는 소리가 들리는 듯하다.

수성대에는 막걸리와 식혜 등을 파는 '수성대 세 번째 쉼터'가 있다. 한 잔에 2,000원씩이다.

장항마을 400년 수령의 당산 소나무.

　수성대 계곡을 지나 배너미재로 이어지는 숲길에는 한바탕 꽃잔치를 끝낸 진달래와 생강나무가 연두색 새 옷으로 갈아입고 일상의 삶으로 돌아가고 있다.

　배너미재는 운봉이 호수일 때 배가 넘나들었다는 전설이 어린 곳이다. 운봉의 배마을인 '주촌舟村'이나 '고리봉(배를 묶어두는 곳)' 등도 배너미재의 전설과 연관된 이름이다. 운봉에서 배를 타고 가다 보면 꽃봉오리 같던 천왕봉에 닻을 내리던 시절이다.

　배너미재 정상에는 한 뿌리에서 나온 소나무가 둘로 나뉜 뒤 다시 손을 맞잡고 나란히 하늘바라기 하고 있다. 기다란 H빔을 세워 놓은 듯한 형태다. 하나가 되면 답답하고 둘이 되면 그립다는 것을 소나무는 이미 알고 있는가 보다. 인력과 척력이 균형을 이룬 적당한 거리에서 손잡고 서 있는 소나무가 아름답다.

배너미재를 지나면 어느 순간 시야가 확 트이며 우람한 소나무 한 그루가 천왕봉을 배경으로 우뚝 서 있다. 산내면 장항마을을 지키는 400년 수령의 당산 소나무다. 지리산도 품을 만한 넉넉함에 압도된다. 장항리는 지금도 당산제를 지내는 몇 안 되는 마을의 하나로 산세가 노루의 목과 같다 하여 마을 이름에 노루 장獐자를 쓰고 있다.

당산에서 내려오면 둘레길은 왼쪽으로 가고 오른쪽 길은 달궁계곡과 뱀사골로 이어진다. 바래봉으로 가는 '지리산 신선둘레길'도 이곳에서 시작된다.

지리산둘레길은 왼쪽의 장항교를 건너고 60번 국도를 지나 '감식초공장' 입구에서 새롭게 시작하듯 이어진다. 숲길에서 그늘 없는 오르막 콘크리트 포장도로로 바뀐다. 30여 분간 걸으며 한 움큼의 땀방울을 걷어 낸 다음에야 기다리던 숲길이 나왔다.

오르내리던 숲길이 끝날 때쯤 지리산둘레길 가운데 음식점이 가장 많이 몰려 있는 중황마을과 상황마을이 연이어 모습을 드러냈다. 해발 500여 미터에 자리한 마을 아래로 계단식 다랑이 논이 여인의 주름치마처럼 아스라하다.

중황마을 소류지 쉼터에서 바라보는 다랑이 논들은 애달프다. 목숨을 잇는 것과 주린 배를 채우는 것이 등가이던 시절에 다랑이 논의 소출은 농부들이 흘린 땀방울보다 결코 많지 않았을 터다.

미인송 경연대회가 한창인 창원마을 윗길

상황마을을 지나면 등구재 고갯길이다. 고갯길은 가파르게 일어서고 내쉬는 숨결도 덩달아 가팔라진다. 자료에는 거북의 등을 닮아 등구재라는 설

인월-금계 구간의 초입 인월의 람천 제방길을 따라 가다 보면 중군마을에 닿는다.

명도 있고 아홉 구비를 오르는 의미에서 등구재라는 설명도 있다.

남원과 함양의 경계인 등구재는 전라도와 경상도를 나누고 또 이어주는 길목이다. 남원의 목기가 등구재를 넘어 함양 어느 집 젯상에 오르고, 함양의 색시는 등구재를 넘어 남원으로 시집을 갔다. 넘기 힘든 고갯길은 삶의 고갯길 또한 이보다 덜하지 않다는 깨우침이자 위로다.

등구재 고갯마루의 오른쪽은 지리산 주능선을 조망하기에 으뜸이라는 금대암 가는 길이다. 왕복 6km 남짓이나 일생에 한번쯤은 들러 볼 만한 곳이다. 금대암 너럭바위에 앉아 키 큰 전나무 너머로 보이는 지리산 능선과 눈맞춤을 하지 않았다면 지리산을 안다고 말해서는 안 된다.

등구재 너머 창원마을까지 3km쯤 이어지는 내리막 숲길과 농로는 걷기에 편하다. 창원마을 들머리에서부터 다시 오르막 콘크리트 임도가 시작되지만 둘레길 3구간 중 최고의 조망을 제공한다.

천왕봉을 중심으로 천봉만학千峰萬壑을 거느린 지리산 주능선이 눈을 떠도 보이고 눈을 감아도 보이는 구간이다. 주능선은 목적지인 금계마을까지 영화관의 스크린처럼 1시간 이상 상영된다.

1,915m의 천왕봉을 중심으로 수많은 봉우리들이 영웅상으로 펼쳐지는 영화에 몰입하다 보면 '어리석은 사람도 지혜로워진다.'는 지리산에 다가서고 있음을 알게 된다.

오르막 임도 오른편에서는 미인송 경연대회가 한창이다. 소나무들은 하나같이 쭉쭉 뻗어 하늘로 치솟고 있다. 전투에 나서는 마사이 전사처럼 제 몸을 붉게 단장한 소나무들의 자태에 지리산 주봉들의 기운이 짙게 서려 있다. 임도 옆 과수원에서는 단감나무들이 연두색 싹을 부지런히 틔우며 주렁주렁 열매로 휘어질 가을날을 꿈꾸고 있다.

인월에서 시작한 둘레길 3구간은 조선시대 공물을 보관하던 창고가 있던 마을이라는 창원마을을 지나 산중턱 하나를 새롭게 더 넘으면서 마침내 지리산둘레길 함양안내센터가 있는 금계마을에 닿는다.

길 안내

남원시 산내면 상황마을과 함양군 마천면 창원마을을 잇는 인월-금계 구간은 지리산 둘레길이 처음 싹튼 곳으로 둘레길의 대표적 코스이기도 하다.

특히 매동-금계 구간은 잘 정리된 임도와 농로, 숲길이 다양하게 펼쳐진 데다 지리산 주능선 등 조망이 좋고 음식점까지 즐비, 어린아이를 동반한 가족 단위의 여행객들이 즐겨 찾는 구간이다.

구인월교 - 중군마을(2.1km) - 황매암 갈림길(0.8km) - 수성대(2.1km) - 배너미재(0.8km) - 장항마을(1.1km) - 매동마을 감식초공장(0.5km) - 서진암(2km) - 상황마을(3.5km) - 등구재(1km) - 창원마을(3.1km) - 금계마을(3.5km)까지 20.5km 구간이다.

중군마을에서 황매암 갈림길이나 장항마을에서 서진암, 또는 창원마을에서 금계마을 등 군데군데 그늘이 없는 콘크리트 포장도로가 많다. 모자와 선글라스, 식수 등을 지참하는 것이 좋다. 한겨울에는 음식점 등이 문을 닫기 때문에 긴 구간을 감안, 간식을 준비해야 한다.

광주에서 승용차로 '지리산둘레길 인월안내센터(063-635-0859)'까지 1시간 남짓 소요된다. 안내센터에 무료주차장 시설이 마련돼 있다. 대중교통을 이용할 경우 남원시외버스터미널에서 10~20분 간격의 인월행 버스로 갈아타면 된다. 인월까지 50여 분 소요된다. 구간 중간쯤인 중황, 상황마을에 음식점을 겸한 숙박시설이 있고 목적지인 금계마을에는 식당과 펜션 위주의 숙박시설이 즐비하다. 금계에서 인월로 되돌아올 경우 구간 종점인 '지리산둘레길 함양안내소(055-964-8200)' 입구에 버스 정류장이 있으나 배차 간격이 2~3시간 간격으로 불편하다. 택시를 이용할 경우 인원수에 상관없이 1만 원 가량이다.

4구간 **금계-동강**

점령군처럼 밀려오는 찔레꽃머리에
자지러지는 지리산의 외딴 섬

　남원을 넘어 함양에서 떼는 첫걸음은 금계마을 앞을 흐르는 내川를 건너면서부터 시작한다. 내는 '임천'이라 불린다. 폭이 넓어 하천이나 계곡보다는 강에 가깝다. '운봉-인월' 구간에서 피바위의 전설을 안고 있는 람천이 이곳으로 이어진다.
　추성, 의평, 의중, 세동마을 등 칠선계곡 일대에 자리한 마을을 가기 위해서는 금계마을에서 임천의 '의탄교'를 지나야 한다.
　의중, 의평, 금계 마을을 합쳐 의탄리라고 한다. "'의탄'은 고려시대 숯을 구워 공납하던 의탄소義灘所가 있었다 하여 불리는 이름"이라고 (사)숲길에서 펴낸『지리산둘레길』책자에서는 설명하고 있다. 숯을 가리키면서 숯탄炭 자를 사용하지 않고 여울탄灘 자를 쓰는 까닭은 알 수 없다.
　현재는 숯보다 옻칠 등 옻나무를 이용한 제품 생산으로 유명하다. 길을 가다 보면 옻나무를 키우는 밭과 야생 옻나무를 자주 볼 수 있다.
　의탄교를 지나 의중마을 어귀에는 500년의 세월 동안 의중, 의평, 추성마을을 지켜온 당산나무가 일산日傘처럼 그늘을 드리우며 쉬어가길 권한다.
　늙은 당산목은 기억하리라. 한국전쟁 당시 불타던 마을의 화염과 칠선계곡에 메아리치던 총성의 날카로운 울림을. 총성보다 먼저 스러지고, 풀

지리산둘레길 함양안내센터에서 바라본 의탄교 다리 아래로 임천이 흐르고 건너편 지리산 주봉 위로는 흰 구름이 피어오르고 있다.

'변강쇠와 옹녀'의 이야기를 간직하고 있는 벽송사의 목장승 변강쇠보다 무서운 세월이 목장승의 머리에 내려앉고 있다.

잎보다 가벼이 스러지던 목숨들을.

한국전쟁을 전후해 의중마을을 비롯한 칠선계곡 일대의 마을들은 빨치산 토벌을 위한 국군의 소개 작전으로 모두 불태워졌다. 지리산둘레길 함양안내센터의 주차장은 당시 마을 주민들이 임시 움막을 짓고 이주했던 학교 운동장이기도 하다. 금계마을을 '노디(징검다리)목'이라 부르며 정겹게 오갔을 산촌의 아픔이 새삼스럽다.

의중마을의 당산은 용유담으로 직행하는 숲길과 벽송사를 거쳐 용유담으로 이어지는 길이 나뉘는 지점이다. 용유담으로 바로 가는 길은 임천을 왼편에 두고 산기슭을 따라 산책하듯 걸을 수 있다. 필자가 임의 선정한 '둘레길 베스트 숲길 5'에 들 만큼 걷기에 편하고 또 아름답다. 예전에 지났던 길이어서 이번에는 벽송사로 가는 길을 택했다.

서산대사와 벽송사

벽송사 길은 오른쪽 칠선계곡을 끼고 천왕봉 방향으로 직진하여 오르는 호젓한 숲길이다. 칠선계곡의 흐르는 물소리와 숲 속의 우짖는 새소리에 취하다 보면 가파름 정도야 금방 잊는다.

산새들의 노래는 명료하고 단순한 이어부르기의 반복이다. 이쪽 산의 테너가 "쑥국! 쑥국!" 2음절의 노래를 뽑아내면 계곡 너머의 소프라노가 "삐이익! 삐이익!" 3음절로 받고 다시 4음절의 베이스가 "꾸구구국! 꾸구구국!" 화답하면 저쪽 숲에서 5음절의 알토가 "삐비비비빅! 삐비비비빅!" 이어가며 한 소절을 마무리한다.

"휘이익! 휘이익!" 흉내 내는 휘파람 소리에 "삐이익! 삐이익!" 휘파람새가 화답한다. 산새는 유쾌히 속아주고 나는 산새의 속아줌이 유쾌하다.

점령군처럼 밀려오는 찔레꽃머리의 산천은 눈부신 연초록의 배냇내로 가득하다. 시간 속에서 계절의 순환은 변함없이 오고 또 가지만 그 시간을 채우는 생명은 늘 새롭다.

길섶의 꽃들이 반가이 아는 체를 한다. "너는 붓꽃, 너는 둥글레, 너는 비수리라고도 하는 야관문, 너는…노루발이지? 금은화도 오고 현호색과 싸리꽃도 왔구나. 근데 너는 누구였더라? 미안하지만 잘 모르겠다…." 나의 빈약한 지식에도 불구하고 시간을 채우는 그들의 얼굴은 해맑다.

초등학교 담임선생님이 성인이 되어 찾아온 제자들의 이름을 기억해 내듯 길섶의 꽃들과 눈 맞추며 가는 길은 싱그럽다.

1시간쯤 지났을까. 오르막의 끄트머리에서 서암정사 어귀가 불쑥 얼굴을 내민다. 벽송사 아래 위치한 암자로 천연 암석을 뚫어 만든 법굴암이다. 암자 앞에 서면 칠선계곡의 절경이 한눈에 들어온다. 한국전쟁 때 희생된 영혼들을 위로하기 위해 조성됐다. 낮게 깔리는 스님의 염불 소리에 대웅전의 황목련 꽃이 소리 없이 내려오고 있다.

벽송사로 가는 길은 서암정사에서 내려와 새롭게 시작된다. 벽송사는 한국불교 최고의 종가답게 가는 길을 쉬 내주지 않는다. 10여 분 이상 된 비알의 콘크리트 포장길을 올라야 한다.

벽송사 가는 길 중간쯤에 길 양편으로 목장승이 마주 보고 서 있고, 벽송사 안에도 경상남도 문화재로 지정된 한 쌍의 목장승이 보존돼 있다. 목장승은 원래 사찰 초입에 세워져 수문과 호법의 신장상神將像 역할을 했으나 보존을 위해 경내로 옮겨 놓았다.

벽송사의 목장승은 가루지기타령에 나오는 변강쇠와 옹녀의 전설과 관련이 있다고 알려지면서 호기심을 끈다. 가루지기타령에는 '변강쇠가 옹녀와 지리산으로 들어와 살면서 나무 대신 장승을 땔감으로 사용하다 산신에게 혼쭐이 난다'는 내용이 나오는데 그 주요 무대가 벽송사를 중심으로 한 함양군 마천면 일대라고 전해 온다.

현재 변강쇠와 옹녀가 살던 곳을 놓고 함양군과 남원시가 서로 '변강쇠의 고장'을 주장하고 있다. 함양군은 오도재에 '변강쇠 공원'을, 남원시는 백장계곡에 '쌈지공원'을 각각 조성해 놓고 있다. 남원시는 '강쇠주'와 '옹녀주'라는 민속주까지 생산하고 있다.

변강쇠와 옹녀가 살던 곳

'천하의 잡놈'이라고 불러도 부족함이 없을 변강쇠와 그에 버금가는 옹녀다. 그런 남녀가 오롯이 한 곳에 머무르지는 않았을 테니 이들의 행적에 따라 남원과 함양이 역할을 나누는 것도 고려해 볼 만하다.

벽송사는 서산대사가 임진왜란 당시 팔도도총섭으로 승병 출정식을 거행한 장소이기도 하다. 한국불교 출가 스님의 대부분이 서산문파와 부휴문파에 속하는데 벽송사가 이들 선맥의 근원이다.

하지만 벽송사는 한국전쟁 당시 지리산 빨치산들의 야전병원으로 이용되다 국군의 토벌작전으로 소실되는 아픔을 안고 있다. 지금도 절터 주변을 일구다 보면 간혹 인골이 발견된다고 하니 당시의 참혹함을 미뤄 짐작

벽송사의 미인송(왼쪽)과 도인송 도인을 향한 미인의 연정은 여전히 애잔타.

할 수 있다.

　벽송사 선방 뒤에는 수령이 300년쯤 되는 '미인송'과 '도인송'의 소나무 두 그루가 전설을 안고 서 있다. 미인송이 도인송을 향해 위태롭게 기울어져 있는 모습이다.

　'미인이 도인에게 연정을 품고 유혹을 했으나 도인은 흔들리지 않았다. 그러자 미인은 연정을 버리고 존경의 마음으로 곁에서 바라보기로 했다.'는 것이 이들 소나무에 얽힌 전설이다. 그렇지만 미인송은 사모의 마음을 마저 버리지는 못했나 보다. 버팀목에 의지해가며 눈길 한 번 주지 않는 도인송을 향해 기울고 있는 미인송의 마음이 애잔타.

　용유담으로 가는 길은 벽송사 장승각에서 산길로 접어들며 시작된다. 용유담까지 2.7km다.

　오르막 숲길은 좁고 구불구불 휘어지며 가파르게 벽송산을 넘는다. 서산대사도 넘고 승병들도 넘었을 것이다. '나무아미타불'을 읊으며 목탁 대신 도검을 들어야 했던 스님들은 얼마나 참담했으랴.

오르막이 가파르면 내리막 또한 가풀막지는 것이 자연의 법칙. 벽송산 정상에서 용유담까지 1.8km의 내리막 숲길 역시 오르막 못지않게 가파르다. 길섶 곳곳에 하얀 쪽동백이 은하수로 내려앉았다. 밟으면 별들이 소리 내어 울 것 같아 떼는 발걸음이 조심스럽다.

모전마을의 용유담에 닿기 직전, 아치형의 모전교 아래 계곡으로 흐르는 물줄기가 시원하다. 숲길이 끝나는 지점이다. 새롭게 가야 할 동강마을까지의 7km가 넘는 길은 콘크리트 포장길의 연속이다. 세동마을까지 '지리산둘레길 전설탐방로'가 계곡 따라 샛길로 조성돼 있으나 말 그대로 '담배 한 모금'이다.

벽송사를 경유하여 용유담 방향으로 가게 되면 정작 용유담을 비켜 지나치기 십상이다. 용유담은 모전마을 이정목에서 동강마을 반대 방향으로 100여m쯤 떨어져 있다.

용유교에서 바라본 용유담에는 옥색의 푸른 물빛에 푸른 하늘과 푸른 지리산이 그림처럼 담겨 있다. 강은 끝없이 뻗어 올라가고 양편의 기암괴석은 뒤틀려 불끈 튀어나오거나 날카롭게 일어선다. 바위는 여의주를 물고 하늘로 치솟으려 용틀임하는 용의 비늘을 닮았다.

지금도 수달이 살고 지리산 계곡에만 산다는 가시어가 산다. 근래에 지리산댐(문정댐) 예정지로 선정돼 논란의 대상이 되고 있다. 지리산 최고의 명승지 가운데 하나인 용유담이 홍수조절댐으로 바뀌는 모습을 상상하는 것은 유쾌한 일이 아니다.

한남대군과 눈물의 '새우섬'

길은 닥종이 생산지로 유명한 세동마을을 지나 운서마을과 구시락재의 언덕배기를 거쳐 목적지 동강마을에 닿는다. 마을 초입에는 수령 600년의

동강마을의 우람한 팽나무 500여 년 전 천왕봉으로 가던 김종직의 땀을 씻겨 주었다.

한남대군이 단종복위사건으로 위리안치된 뒤 3년 만에 숨을 거둔 새우섬 섬은 육지로 변했으나 강은 지금도 가끔씩 소리내 운다.

팽나무 4그루가 쉼터를 만들고 있다. 옹두리 주렁주렁한 나무에 시간의 위엄이 어리고 그늘은 짙다.

조선조 성종 때 김종직이 지리산 기행을 마치고 남긴 『유두류록遊頭流錄』에는 그가 이곳을 거쳐 구시락재를 넘고 운서마을을 지나 천왕봉으로 올랐다고 적고 있다.

세조의 왕위찬탈을 비판한 「조의제문」으로 사후 부관참시 된 비극의 인물이 김종직이다. 팽나무는 500여 년 전 이곳을 지나던 패기에 찬 젊은 관리가 무덤에서 꺼내어져 다시 죽임을 당할 줄 예감이나 했을런지. 아직 오지 않은 나의 시간들도 옹두리 가득한 나무에게 물어보고 싶어졌다.

이어지는 동강-수철 구간은 다음 기회로 미루기로 했다. 대신 '새우섬'을 찾아 나섰다. 지리산에 섬이 있었다는 사실만으로도 호기심을 자극하기에 충분했다. 하물며 세조의 계유정난과 관련된 한남대군의 유배지였다는

데 어찌 그냥 지나칠 수 있겠는가.

수양대군과 단종, 김종서와 한명회, 사육신과 생육신, 세종의 고명대신이면서도 후대에 쉽게 상하는 나물의 이름이 되어버린 신숙주… 계유정난과 관련된 이름들이 어지럽게 다가온다.

계유정란은 정난政亂이라 하지 않고 정난靖難이라 쓴다. '난리를 안정시켰다.'는 뜻이다. 성공한 반란이다.

역사는 돌고 도는가. 500여 년의 세월이 흐른 뒤 1980년 5월, '광주학살'의 신군부도 '광주를 안정시켰다.'고 했다.

한남대군은 세종대왕의 18남 4녀 중 12번째 왕자로 조카인 단종의 복위를 꾀하다 발각돼 지리산의 새우섬에 위리안치圍籬安置됐다.

그는 단종복위를 함께 도모했던 여섯째 형(금성대군)이 둘째 형(세조)에 의해 유배지에서 사사되고 첫째 형(문종)의 아들인 단종마저 유배지에서 교살된 사실을 알고 있었을까. 한남대군은 결국 서른 한 살의 나이로 한 많은 일생을 이곳 새우섬에서 마감했다.

그가 흘린 눈물은 새우섬을 휘돌아 가는 엄천강 어디쯤에서 흐름을 멈추고 있을 텐가. 동강마을에서 새우섬을 찾아가는 길은 쉽지 않다. 둘레길 구간에 포함되지도 않는데다 이정표도 하나 없다.

엄천교 앞 '동강식당' 주인 아주머니께 길을 물었다. "다리를 건너지 말고 '적조암' 방향으로 강길 따라 쭈욱 올라가세요." 아주머니는 새우섬을 잘 알고 있는 듯했다.

어디, 대군大君을 뵙기가 쉬운 일이겠는가. 엄천강을 오른쪽에 두고 제방길을 따라 거슬러 오르는데 햇살이 화살이 되어 살갗에 꽂힌다. 그렇게 30여 분쯤 걷다 보면 한남군의 이름을 딴 '한남교'와 다리 건너 '한남마을'을 만나게 된다. 다시 한남마을 앞을 지나는 60번 지방도로를 따라 5분쯤 금계 방향으로 걸으면 급하게 휘어 흐르는 엄천강 너머로 비로소 등굽은 새우섬이 모습을 드러낸다.

새우섬은 이제 풀등이 되어 위리안치가 풀린 지 오래다. 하지만 새우섬 앞을 지나는 엄천강은 말없이 흐르다가도 비라도 내릴라치면 소리 내어 거칠게 울곤 한다. '우-!'. 비정한 권력 앞에 절망해야 했던 젊은 왕자의 복받치는 설움이다.

아홉 마리 용과 마적도사 전설

용유담 부근에 마적도사가 마적사를 짓고 당나귀를 기르며 살고 있었다. 마적도사는 생필품이 필요하면 당나귀 등에 쪽지를 달아 장을 보아오도록 하곤 했다. 장을 본 나귀들이 용유담으로 돌아와서 크게 울면 마적도사가 아홉 마리 용을 시켜 다리를 놓아 계곡을 건너오도록 했다.

하루는 마적도사가 나귀들을 장에 보내놓고 지리산 산신령과 장기를 두고 있었다. 그런데 용유담의 용들이 여의주를 차지하기 위해 싸우는 바람에 당나귀가 우는 소리를 듣지 못했다. 당나귀는 계속하여 무거운 짐을 짊어지고 울부짖다 지쳐서 그만 죽고 말았다. 나귀가 죽어 바위가 되었는데 그 바위가 나귀바위다. 마적도사는 뒤늦게 화가 치밀어 장기판을 부수어 버렸다. 장기판의 부서진 조각들이 지금도 계곡의 곳곳에 흩어져 있다.

엄천강 바래봉에서 발원한 물줄기는 구비구비 흐름 속에 이름을 바꿔가며 섬진강과 낙동강으로 흘러 이 땅의 젖줄이 된다.

길 안내

금계-동강 구간은 둘레길 함양안내센터(055-964-8200)에서 시작된다. 지리산둘레길의 경남지역 시발점으로 전설과 전설보다 더한 역사의 생채기를 밟고 지나는 길이다. 금계마을-의중마을(0.7km)-벽송사(2.0km)-용유담·모전마을(2.7km)-세동마을(2.4km)-송문교(1.6km)-운서마을(1.5km)-구시락재(0.7km)-동강마을(0.8km) 구간으로 벽송사를 들를 경우 12.4km에 달한다. 의중마을에서 용유담까지는 3.6km이며, 동강마을에서 새우섬까지는 용유담 쪽을 향한 역방향으로 1.5km 가량이 추가된다.

벽송사와 서암정사, 용유담, 새우섬 등은 승용차로도 갈 수 있다. 금계마을과 구간 종점인 동강마을에 펜션 형태의 민박이 많으나 도중에 음식 파는 곳이 없는 만큼 간식을 챙겨야 한다. 광주에서 둘레길 함양안내센터까지는 광주-대구 고속도로를 이용할 경우 1시간 30분 정도 소요된다.

구시락재에서 바라본 엄천강과 동강마을 풍경.

5구간 **동강-수철**

목숨들이 스러져간 묵은 밭에 개망초가 만발하여 한 세상

> 쓰다가 말고 붓을 놓고 눈물을 닦지 않으면 안 되는 이 역사, 눈물을 닦으면서도 그래도 또 쓰지 않으면 안 되는 이 역사, 써놓고 나면 찢어버리고 싶어 못 견디는 이 역사, 찢었다가 그래도 또 모아대고 쓰지 않으면 아니 되는 이 역사, 이것이 역사냐? 나라냐? 그렇다. 네 나라며 내 나라요, 네 역사며 내 역사니라.
>
> – 함석헌 『뜻으로 본 한국 역사』 중에서

함석헌 선생이 『뜻으로 본 한국역사』에서 우리 역사를 표현한 글이다.

지리산둘레길 동강-수철 구간은 함양군에서 산청군으로 넘어가는 길이자 '국가'와 '국가권력의 정당성'에 대한 질문을 안고 출발한다.

때 이른 더위다. 유월 초순인데도 한낮의 기온은 섭씨 30도를 오르내린다. 동강마을 앞을 흐르는 엄천강에서는 마을 청년들이 투망을 던지며 천렵에 열중이다. 모내기를 마친 논은 푸르름을 더해가고 마을로 내려온 지리산 자락에는 밤꽃이 한창이다. 능선이 끝나는 곳에서 파란 하늘이 시작되고 흰 구름은 한가롭다.

언제까지나 계속될 듯한 풍경은 두어 마장쯤 이어진 동강마을의 농로가

산청에 닿기 전, 고동재 가는 길의 산불감시초소에서 바라본 지리산 주능선이 하늘빛으로 물들어 아스라하다.

끝나면서 막을 내린다. 길은 엄천강과 헤어져 자혜교 앞에서 오른쪽으로 급하게 꺾이면서 '추모로'가 시작된다. 한국전쟁 당시 국군에 의해 양민이 학살된 '산청·함양사건'의 현장으로 들어서는 길이다.

양민학살과 개망초꽃

점촌마을 건너편, 당시의 학살현장에 '점촌마을 주민 희생 터'가 조성돼 있고 얼마 가지 않아 '산청·함양사건 추모공원'이 모습을 드러낸다.

희생자의 위패가 모셔진 곳까지의 추모공원 계단은 아득하다. 분노와 위로가 뒤범벅이 된 마음으로 위령탑을 지나 위패봉안각까지 계단 하나하나 헤아리며 올랐다. 114개의 계단을 114개의 의미로 올랐다. 위패봉안각의 방문록에 이름을 남겨야 할 어떤 의무감 같은 행위였다. 그래야 할 것 같았다.

추모공원 입구에는 전시실을 갖춘 역사교육관이 자리하고 있다. 학살현장 영상물과 모형, 사건증언 영상실, 학살에 사용된 총알과 총기, 관련 자

방곡마을 들머리에서 오봉천을 건너면 묵은 논밭에 '화해'의 꽃말을 갖고 있는 개망초가 꽃피어 한 세상을 이루고 있다. '나라를 망하게 했다'는 억울한 누명을 뒤집어쓴 꽃에서 민초들의 얼굴을 본다.

점촌마을 주민 희생 터.

료 등이 전시돼 있다.

특히 실내 벽에는 3명의 학살 주범 부조상을 붙여놓고 있다. 당시 11사단 9연대장이었던 오익경 대령과 11사단 9연대 3대대장 한동석 소령, 경남지구 계엄민사부장 김종원 대령이다. 이들은 학살이 자행됐던 1951년 말 군법회의에 회부되어 무기징역형 등을 선고받았다. 하지만 모두 대통령 특사로 금세 풀려나 군에 복귀하거나 경찰간부로 특채됐다.

'민간인 학살 주범들을 부조상으로 만들어 벽 속에 가두어 두고 후세들이 이들의 만행을 영원히 기억하도록 하며…' 부조상 설명서의 의미가 서럽고도 간절하다.

치유되지 않은 역사가 전설이 되어서는 안 된다. 지나거들랑, 전시관에 들러 분노하길 바란다. 때로는 분노가 힘이 되고 사랑이 되기도 한다. 함석헌 선생의 말처럼 '붓을 놓고 눈물을 닦지 않으면 안 되는 이 역사'가 되풀이 되지 않도록 작은 몸짓 하나 보태는 일이다.

추모공원을 나오면 곧바로 방곡마을 어귀다. 둘레길에서 산청으로 가는 길에 만나는 첫 마을이다. 지난해 이곳 민박집에서 하룻밤을 묵은 적이 있다. 그때 주인 할머니는 "여기가 방콕이여!"라고 했다.

둘레길은 마을 초입에서 왼편의 '방곡둘레길 체험마을' 방향으로 꺾어 오봉천을 지난다. 길가 묵은 논밭, 사람들이 끌려가고 스러져간 땅에 개망초가 꽃피어 한 세상을 이루고 있다.

꽃은 계란프라이를 닮아 '계란꽃'이라 부르기도 한다. 계란꽃은 나라를 일제에 빼앗긴 해에 유난히 많이 피었다 해서 '망국초' 또는 '개망초'라 불리게 됐다. 꽃 만개하여 나라를 잃었던가. 누명 쓴 꽃이 누명 쓴 목숨을 위로하듯 질긴 생명력으로 들판을 하얗게 채우고 있다.

개망초의 꽃말은 '화해'다. '화해'이기에, 꽃 서로 피어 한 세상을 이룬가 보다. 개망초 꽃에서 속절없이 사라져간 민초들의 얼굴을 본다.

해피엔딩의 상사폭포

길은 이내 산으로 이어져 숲길로 들어서고, 숲길은 계곡과 어깨동무하여 손잡고 오른다. 계곡은 초여름의 풍부한 수량으로 크고 작은 폭포와 소沼를 이루고 흐르는 물은 너럭바위의 얼굴을 씻어낸다. 개수를 세다가 잊을 만큼, 폭포가 계곡이고 계곡이 폭포다. 폭포는 상사폭포에서 절정을 이룬다.

상사폭포는 이름에서 알 수 있듯이 이루지 못한 남녀의 애틋한 연정을 안고 흐른다. 여러 가지 버전이 있으나 그중 '19금'에 해당하는 이야기 하나를 소개하면 이렇다.

'동네 처녀를 짝사랑하던 총각이 상사병으로 죽었다. 죽어서도 그녀를 잊지 못해 뱀으로 변했다. 총각은 뱀이 되어 처녀의 몸속으로 들어갔다. 놀란 처녀가 손으로 내리치자 뱀은 떨어져 죽었다. 그 후 처녀는 상사폭포의 바위가 되었고 총각은 바위를 타고 오르는 폭포수가 되었다.' 에로틱한 판타지와 중의적 은유가 노골적이다.

애틋한 사랑의 전설을 안고 흐르는 상사폭포.

왼쪽 산봉우리 바위를 두고 붓끝을 닮았다 하여 '필봉'이라 부르고, 더러는 여인의 젖꼭지를 닮았다 하여 '유두봉'이라고도 한다. 선비의 고장인 산청으로서는 아무래도 '필봉'이 제격이다.

쌍재 고갯길 산뽕 익어 그늘은 짙어가고 산새 울어 길은 노래로 채워진다.

그러고 보니 상사폭포 아래의 수많은 폭포들은 다산多産의 대업을 이룬 그들의 자손들인가 보다.

계곡물 소리로 숲은 더욱 깊어지는데 길섶의 하얀 찔레꽃이 이울고 있다.

> 엄마 일 가는 길엔 하얀 찔레꽃/찔레꽃 하얀 잎은 맛도 좋지/배고픈 날 가만히 따 먹었다오/엄마 엄마 부르며 따 먹었다오/밤 깊어 까만데 엄마 혼자서/하얀 발목 아프게 내려오시네/밤마다 꾸는 꿈은 하얀 엄마꿈/산등성이 너머로 흔들리는 꿈…
>
> – 이연실의 「찔레꽃」

이연실의 「찔레꽃」을 흥얼거리다 그만 '엄마, 엄마' 대목에서 목이 메고 말았다. 왈칵 눈물이 솟았다. 보는 이도 없어 볼 타고 내리는 뜨거운 눈물을 그대로 둔 채 찔레꽃을 부르며 한동안 걸었다. 속절없는 눈물은 아들을 위해 흘렸을 부모님의 눈물이 이제 그 아들의 흉곡胸曲에 닿아 너울지고 있음이라.

반복하여 부르는 사모곡의 횟수가 늘어나면서 가슴 한편에 내리던 비가 점차 벗개었다. 눈물이 주는 정화다. 휴대전화 건너편으로 '뭔 일이냐?'는 노모의 목소리에 기운을 되찾은 발길은 음료를 파는 쉼터를 지나고 길은 완만한 경사의 임도를 만난다. 왼쪽은 '동의보감 둘레길'이고 오른쪽 방향이 수철마을로 가는 지리산둘레길이다.

방향목의 붉은 화살표가 가리키는 방향으로 10여 분 더 가면 쌍재다. 함양과 산청을 오가던 큰 고개다. 함양의 곶감이 이 고개를 넘어 산청 덕산장으로 갔다. 쌍재에서 다시 10분 정도 걸으면 동강-수철 구간의 마지막 고개인 고동재 가는 길이 나온다.

고갯길에서 직진하여 내려가면 수철마을로 곧바로 빠지게 되며 왼쪽은 왕산과 필봉산으로 이어지고, 고동재는 오른쪽으로 2km쯤 더 가야 한다.

고동재 가는 길의 산 정상에 산불감시초소가 있다. 초소가 있는 위치는 동강-수철 구간의 화룡점정畵龍點睛에 해당한다. 1시 방향으로 지리산 천왕봉과 하봉 등 주 능선이 펼쳐지고 왼쪽의 왕산과 필봉산 아래 10시 방향으로 산청읍이 한눈에 들어온다.

왕산은 금관가야의 마지막 왕인 구형왕의 무덤이라고 전해지는 돌무덤과 구형왕의 손자인 김유신이 활쏘기를 했다는 사대射臺로 유명하다. 구형왕과 그 부하들이 신라군에 쫓겨 이 길을 따라 왕산으로 들어갔을 것이다. 또 왕산 옆 필봉산은 산꼭대기의 바위가 붓끝을 닮았다는 데서 이름이 유래한다. 혹자는 여인의 가슴을 연상하며 '유방봉'이나 '유두봉'이라 부르기도 한다. 하지만 선비의 고장인 산청으로서는 '필봉'이 제격이다.

고동재 초입의 이정목.

비운의 사내, 구형왕에 대한 위로

산불감시초소 앞 바위에 걸터앉아 왕산의 구형왕을 만나러 가는, 언제일지 모를 그날을 기약하며 핸드폰을 꺼내 이성부의 「산길에서」라는 시를 찾았다.

이 길을 만든 이들이 누구인지를 나는 안다/이렇게 길을 따라 나를 걷게 하는 그이들이/지금 조릿대 밭 눕히며 소리치는 바람이거나/이름 모를 풀꽃들 문득 나를 쳐다보는 수줍음으로 와서/내 가슴 벅차게 하는 까닭을 나는 안다/그러기에 짐승처럼 그이들 옛 내음이라도 맡고 싶어/나는 자꾸 집을 떠나고/그때마다 서울을 버리는 일에 신명나지 않았더냐/무엇에 쫓기듯 살아가는 이들도/힘이 다하여 비칠거리는 발걸음들도/무엇 하나씩 저마다 다져 놓고 사라진다는 것을/뒤늦게나마 나는 배웠다/그것이 부질없는 되풀이라 하더라도/그 부질없음 쌓이고 쌓여져서 마침내 길을 만들고/길 따라 그이들 따라 오르는 일/이리 힘들고 어려워도/왜 내가 주저앉아서는 안 되는지를 나는 안다

– 이성부의 시 「산길에서」 전문

동강마을 앞 넓다랗게 펼쳐진 엄천강에서 마을 청년들이 천렵을 즐기고 있다.

시는 부질없는 내 발걸음도 쌓이고 쌓이면 길이 된다며 비운의 사내, 구형왕을 위로하는 듯하다.

고동재에서 수철로 가는 고갯길은 생각보다 넓은 콘크리트 임도다. 3.6km의 짧지 않은 거리이지만 내리막길이어서 어렵지 않다.

목적지는 멀지 않고 유월의 해는 아직 길다. 고개 들어 하늘 한 번 보고, 고개 돌려 숲 한 번 보며 걷는데 필봉산 위로 펼쳐진 하늘이 새파랗다. 문득 "아- 하늘이 원래 저런 색이지…" 하는 생각이 들었다. 너무 오랫동안 미세먼지에 시달려 온 탓이다. 파란 하늘을 볼 수 있는 것만으로도 기뻐해야 하는 나의 시대를 나는 정의할 수 없다.

산청·함양 양민학살 사건과 최덕신

산청·함양사건추모공원에 세워진 위령탑과 희생자의 상.

한국전쟁 중이던 1951년 2월 7일 국군 11사단 9연대 3대대가 '견벽청야 堅壁淸野'라는 이름의 빨치산토벌 작전을 벌이면서 무고한 양민을 집단학살한 사건을 말한다.

산청군 가현마을과 방곡마을, 함양군 점촌마을과 서주마을 등 4개 마을이 불타고 주민 705명(신고된 숫자)이 희생됐다.

군인들은 남녀 어린이 노약자 가리지 않고 젖먹이까지 집 밖으로 끌어내 논밭에 모이게 한 후 총검이나 수류탄으로 학살했다. 1차 학살 후 '산 사람은 일어나라. 살려 주겠다.' 하여 생존자들이 일어나면 다시 2차 학살했다. 그리곤 기름을 뿌리고 불을 질렀다. 하루 전날은 설날이었다.

11사단은 함평양민학살(1,167명 희생)과 거창양민학살(570명 희생)을 자행한 부대이기도 하다. 당시 11사단장이던 최덕신은 군단장을 거쳐 육군 중장으로 예편, 5·16 직후 외무부장관과 서독주재 대사를 지냈다. 그후 미국으로 망명한 뒤 1986년 아내와 함께 북한으로 갔다. 남한 최고위직의 월북자가 됐다. 북한에서는 조국평화통일위원회 위원장과 최고인민회의 대의원 등 많은 직위를 맡았다. 1989년 사망한 뒤 애국렬사능에 묻혔다. 이듬해 조국통일상이 추서됐다. 2000년 남북 이산가족 상봉 때 그의 아내가 남한에 와서 남겨진 가족들과 상봉했다.

산청·함양사건 추모공원 사업은 2001년에 착수하여 2004년에 준공됐다.

길 안내

동강–수철 구간은 함양에서 산청으로 넘어가는 길로 전·후반부로 나눌 수 있다. 동강마을에서 방곡마을까지의 전반부는 콘크리트 포장도로로 한국 현대사의 아픔이 생생히 남아 있는 길이다. 내 목숨 앞세워 네 목숨을 빼앗았던 비극의 현장을 걷는 마음은 발길보다 더 무겁다.

후반부인 방곡마을에서 수철마을까지는 역사와 전설이 숲길 따라 함께 피고 지는 길이다. 난이도가 높은 구간이지만 난이도 이상의 매력을 함께 갖고 있다.

동강마을–산청·함양추모공원(2.9km)–방곡마을(0.1km)–상사폭포(1.4km)–쌍재(2.0km)–산불감시초소(0.9km)–고동재(1.4km)–수철마을(3.6km) 등 12.3km에 달한다.

쌍재 바로 아래 숲길에 쉼터가 있고 고동재에서 수철마을로 가다 보면 쉼터가 하나 더 있으나 충분한 식수와 식사대용의 간식을 준비하는 것이 좋다. 동강마을과 방곡, 수철마을에 민박이나 펜션이 갖춰져 있어 숙소는 불편함이 없다.

지리산둘레길 함양안내센터에 주차한 뒤 마을버스를 이용, 동강마을에 내려 걷기를 시작했다. 돌아오는 길은 수철마을에서 버스를 이용, 산청시외버스터미널로 나간 뒤 다시 함양시외버스터미널로 이동해야 한다. 수철마을에서 산청읍으로 가는 버스 배차 시간은 2시간 정도 걸린다. 수철에서 함양안내센터까지 택시를 이용할 경우 미터기 요금으로 3만 원 조금 넘게 나온다.

위령탑 아래 희생자의 상.

6구간 수철─성심원

사제 간의 정은
경호강의 물길 따라 흐른다

　길손의 발소리에 놀랐나 보다. 논두렁 풀섶에서 쉬고 있던 개구리들이 모내기를 끝낸 논의 사름 속으로 쏟아지듯 뛰어들었다.
　한순간 뛰쳐나오는 수백 마리의 개구리 떼는 마치 조용한 호수 위로 떨어지는 여름날의 비꽃을 닮았다. '올챙이'에서 '개구리'로 개명한 지 수 시간도 안 된 어린 개구리들의 신바람이다. 어른 엄지손톱만 한 크기지만 작은 뒷발을 오므렸다 뻗었다 물살을 가르고 나아가는 헤엄 솜씨만은 손색없는 수영선수다. 이 녀석들이 자라면 산골마을의 밤은 연인을 부르는 별밤의 세레나데로 깊어갈 것이다.
　생명은 그 자체로서 기적임을 본다. 생명이 주는 경이로움과 설렘으로 둘레길 순례를 그만두어도 오늘 하루, 후회하지 않을 성싶다.
　어린 생명들이 저마다 여름밤의 향연을 누리길 바라며 수철마을에서의 지리산둘레길은 시작됐다.
　수철리는 가야왕국이 쇠를 구웠다는 전설과 함께 무쇠로 솥이나 농기구를 만들던 철점이 있었다는 데서 마을 이름이 유래한다.
　마을회관 옆 도랑 길을 따라 등성이를 올라가면 시야가 일순 트이면서 오른편에는 웅석봉 줄기가 길게 뻗어 내리고 왼편에는 푸른 논들이 펼쳐진

수철마을에서 등성이 하나를 넘으면 지막마을로 이어진다. 언덕 너머 필봉산의 필봉이 눈에 밟혀 자꾸 뒤돌아보게 되고 발밑의 모내기를 끝낸 논에서는 어린 개구리 떼가 비꽃처럼 사름 속으로 쏟아진다.

지막마을 징검다리길 길에서는 잃어버렸던 나를 찾기도 하지만 두 손에 쥐고 있던 나를 버리기도 한다.

다. 모내기를 마친 논의 사름은 잘 깎아놓은 잔디밭이나 당구장의 당구대를 연상시키고 뒤돌아보면 멀리 왕산과 필봉산이 내 뒷모습을 지켜보고 있다.

산꼭대기의 바위가 붓의 끝을 닮았다 해서 필봉이다. 필봉을 스치는 작은 깃털 하나라도 내게로 와서 이 까마득한 원고를 소담스레 채울 수 있다면 더 무얼 바라겠는가. 바람으로 가다가 멈춰 서서 보고 또 보며 길을 간다.

지막마을의 '자연동천'

수철마을을 지나면 길옆 물레방아가 인상적인 지막마을을 만난다. 사제 간의 이야기가 향기로 서려 있는 마을이다. 처사의 삶을 살던 남명 조식 선생과 제자인 덕계 오건 선생의 이야기다.

둘레길에서 마을로 이어지는 샛길을 타고 건너편 지막마을로 들어서면 좁은 길가에 '춘래대春來臺' '자연동천紫煙洞天'의 글귀가 새겨진 암벽을 볼 수 있다. 덕계가 스승 남명을 모시고 '산안개가 담배연기처럼 피어오르는' 웅석봉 줄기의 빼어난 풍치를 보며 사제 간의 정을 나누던 곳이다.

덕산에 은거하고 있던 남명은 공부를 마치고 산청으로 돌아가는 제자를 10리 밖까지 배웅하며 나무 그늘에서 술자리를 베풀었고 감읍한 제자가 취한 탓에 집으로 돌아가는 말 위에서 떨어져 이마를 찧었다는 이야기도 전해온다. 남명은 64세였고 덕계는 43세였다.

살아가는 길에 남명과 덕계 같은 그런 스승, 그런 제자 하나 둘 수 있음은 '제국의 영토를 넓히는 일'보다 더 가치 있는 일이리라.

동네 마실 길 같은 둘레길은 평촌 1, 2교를 지나 대장마을로 이어진다. 평촌마을의 뒤로 휘돌아가는 금서천은 얕지 않아 여름날 멱 감고, 깊지 않아 겨울날 썰매지치기에 적당할 듯싶다. 개울로 떨어지는 벼루는 화순 동복댐의 적벽을 닮아 운치를 더한다. 효자 형제가 아버지의 병환을 고치기 위해 오가는 길에 쉬어갔다는 전설이 어린 쌍효암이다.

평촌마을을 지나 오른쪽으로 꺾어진 오르막 그늘 아래에서 지나던 바람을 불러 함께 놀던 정자가 반가이 손짓한다. 수철마을을 출발한 이래 쉴 수 있는 첫 공간이다. 땀을 식히며 배낭을 정리한 뒤 길을 나서는데 담벼락 초피나무에 녹두 모양의 열매가 무리 지어 햇살을 받고 있다. 두어 개 따서 손가락으로 으깨니 이국적 진한 향이 폐부 깊숙이 들어와 시든 기운을 몰아낸다. 숲길이나 산길을 가다 지치고 힘들 때 초피열매나 잎사귀의 향은 새로운 기운을 돋게 한다. 하지만 길손은 아직도 초피와 산초를 구분하지 못해 그게 어쩌면 산초였는지도 모르겠다.

길은 곧바로 왼편으로 꺾어지며 대장마을을 향한다. 대장마을로 가는 길에는 온갖 과수들이 다가올 날들을 위한 채비로 분주하다. 포도와 머루는 한 공간에서 해바라기하고 꽃들을 버린 사과와 배, 호두, 복숭아, 감 등의 똘기들이 가을의 벅찬 꿈에 부풀어 있다.

보리수와 앵두는 한낮의 햇발에 취해 빠알갛게 농익고 진동하던 밤꽃도 향기를 덜어내는데 길가 뽕나무의 오디는 여름날을 이기지 못해 까맣게 타들어 가고 있다. 봄날의 꽃들이 피고 진 자리에 수많은 알갱이들이 자기 빛

경호강을 만난 둘레길은 강 따라 산청읍으로 들어가다 멀리 보이는 경호1교에서 뒤돌아나와 강변 길로 이어진다.

깔로 익어가고 있다.

경호강에 발 씻고

개울 건너 왼편의 산청 금서 제2농공단지를 보며 길은 대장마을을 지나 '대전통영중부고속도' 아래의 경호강에 다다른다. 경호강은 남덕유산에서 발원하여 지리산 북서면을 흐르는 물길과 합류, 진주 진양호를 거쳐 남강으로 이어진다. 하상구배河床句配가 큰 탓에 유속이 빨라 여름철 래프팅 장소로 명성이 높다.

길은 강 따라 산청읍을 향해 들어가다 경호1교에서 다시 되돌아 나온다. 강의 흐름을 따라 걷는 강변길이다. 계속된 콘크리트 포장 도로를 걷느라 고생한 두 발을 위해 물가에서 잠시 쉬어가는 것도 '어떠하리'다.

흐르는 것은 강물만이 아니다. 산을 안고 흐르는 강물과 그 산 위에 얹히는 흰 구름의 무심을 헤아리는 여유로움도 '거울처럼 맑은' 경호강이 주는 기쁨이다. 서덜 하나 골라 씻은 발 올려놓고 구겨지고 눅눅해진 마음도 함께 꺼내어 강바람에 말려 볼 일이다. 어느새 물기 말라 고들고들해지는 것이 어찌 젖었던 맨발뿐이겠는가. 길에서는 잃어버린 나를 찾기도 하지만 두 손에 움켜쥐고 있던 나를 버리기도 한다.

경호강을 오른편에 두고 웅석봉 자락을 보며 걷던 길은 산청고등학교를 지나 내리교를 건너면서 두 갈래로 갈린다. 왼쪽 길은 경호강 강변길을 따라 바람재를 거쳐 성심원으로 이어지고 오른쪽은 지곡사를 거쳐 바람재와 성심원으로 가는 숲길이다.

강변길은 지곡사 방향의 숲길과 합류하는 바람재까지 2km가량 강바람을 쐬며 걷는다. 어린아이가 포함된 가족 단위 거님길로 알맞다. 강변의 한밭마을 등에는 레프팅과 AVT를 즐기려는 이들을 위한 펜션이 곳곳에 들어서 있다.

반면 오른쪽 길은 강변길보다 두어 시간 이상 소요되지만 선녀탕 등 웅석봉 계곡의 풍치와 시원한 숲길이 늘어난 시간을 보상한다.

지곡사 방향의 길은 내리교에서 오른쪽 길 따라 즐비한 펜션단지를 지나 내리저수지까지 2km가량 콘크리트 포장길을 따라 오르막길로 이어진다. 여름날 걷기에는 만만찮다.

숲과 그늘은 내리저수지에서 처음으로 모습을 드러낸다. 저수지 둑길은 왼편의 에움길로 이어져 저수지를 반 바퀴 돈 다음 개어귀에 이른다. 지곡사 들머리이다.

웅석봉의 절경 '선녀탕'

지곡사는 통일신라시대에 창건된 사찰로 한때 300명이 넘는 승려들이 수행할 정도로 큰 사찰이었다고 한다. 지금은 절터에 산신각과 돌우물 등 일부 흔적만 남아 있다. 현재의 지곡사는 지곡사지 한참 위에 위치한다. 이름만 같을 뿐 본래의 지곡사와는 무관하다. 지곡사지에는 자귀나무 꽃이 한창이다. 자귀나무 꽃은 피는 것이 아니라 나뭇잎 위에 내려앉는다. 내려앉은 분홍 꽃들이 하늘거리는 나비 떼를 닮았다.

지곡사지에서 웅석봉을 향해 1km쯤 오르면 포장도로가 끝나고 계곡의 선녀탕을 이정표 삼아 왼쪽으로 휘어지면서 비로소 숲길이 시작된다. 웅석봉 임도다. 한국자연보존협회가 '한국 명수 1백선'으로 선정한 선녀탕은 웅석봉의 절경 가운데 하나로 꼽힌다. 선녀가 몸을 씻고 산의 숨 탄 것들이 목을 축일 수 있도록 탕은 숲에 가려 은밀하다.

선녀탕에서부터 시작한 웅석봉 임도는 햇발을 받으며 걸었던 지난 발걸음을 보상하듯 숲 그늘 속 평지로 이어져 십자봉5거리까지 2km가량 계속된다.

숲길이 끝나는 십자봉5거리에 서면 내리교에서 헤어졌던 경호강 물길이 다시 눈에 들어오고 강 건너편에는 철쭉으로 유명한 황매산이 그윽하다.

길은 밤나무 길과 대나무 길이 이어졌다 끊어지기를 몇 차례 반복하다 바람재3거리에서 경호강 강변길과 합류하여 성심원으로 향한다. 성심원까지는 2.4km를 남겨놓고 있다.

웅석봉 산줄기는 치맛자락처럼 펼쳐져 마을로 내려오고 한낮의 햇살을 품은 빨간 보리수 열매는 더없이 매혹적이다. 피운 꽃 떨궈 내고 푸르게 익어가는 유월의 산하에서는 성숙한 여인의 체취가 물씬 풍긴다.

옹석봉 계곡의 선녀탕.

람천에서 경호강까지

지리산 고리봉에서 발원한 물줄기는 굽이굽이 흐름 속에 이름을 달리하면서 섬진강과 낙동강으로 흐른다. 고리봉에 떨어진 빗방울 하나가 쪼개져 동북쪽으로 튀면 영남의 젖줄이 되고 남서쪽으로 튀면 호남의 젖줄이 되는 셈이다.

남원의 운봉 들녘을 가로질러 흐르던 '람천濫川'은 인월읍을 지나 산내면에서 뱀사골계곡과 합류하며 '만수천萬壽川'으로 바뀌어 함양군 마천면에 닿는다.

만수천은 다시 백무동과 칠선계곡의 시린물을 받아들여 '임천臨川'이라는 이름으로 용류담까지 흐른 뒤 휴천면에서부터는 '엄천嚴川' 또는 '엄천강'으로 새로운 이름을 얻는다. 용유담은 지리산의 내川가 흘러흘러 강江이라는 여의주를 무는 지점이다.

산청으로 간 엄천강은 남덕유산에서 흘러내린 물길과 합류, '경호강鏡湖江'이 되어 진주의 진양호에서 몸을 푼다. 진양호의 물줄기는 다시 남강南江으로 바뀐 뒤 낙동강으로 이어진다.

경호강 물줄기 지리산과 덕유산 물길이 합류하여 낙동강으로 흐른다.

길 안내

수철-성심원 구간은 산청고등학교 건너편 내리교에서 두 갈래로 나뉘는 경호강 강변길과 지곡사길로 구분된다.

수철-지막(0.8km)-평촌(2.0km)-대장(1.4km)-내리교(3.2km)-내리한밭(1.2km)-바람재(1.5km)-성심원(2.4km) 등 12.5km의 구간과 수철-지막(0.8km)-평촌(2.0km)-대장(1.4km)-내리교(3.2km)-지성(0.6km)-지곡(1km)-내리저수지(0.4km)-지곡사(0.5km)-선녀탕(0.5km)-십자봉 5거리(2km)-내리3거리(0.5km)-바람재(0.6km)-성심원(2.4km) 등 15.9km의 구간이 있다.

강변길은 수철에서부터 시작해 경호강의 물길을 따라 웅석봉을 바라보며 성심원까지 가는 평탄한 길이다. 하지만 길을 걷는 내내 그늘 없는 콘크리트 포장도로의 연속이다. 반면 지곡사길은 계곡과 숲길이 포함되나 거리가 강변길에 비해 3.4km가량 더 길다. 어느 길을 선택하나 대장마을 건너편에서부터 내리교까지 '교집합'의 강변길을 걸을 수 있다. 체력과 시간이 된다면 지곡사 방향을 선택하라는 의미다.

다만 두 갈래 길 모두 간이휴게소인 '둘레길 쉼터'가 없으므로 충분한 식수와 함께 태양 빛을 피하는 수단을 채비로 갖춰야 한다. 대신 숙박시설은 민박보다는 펜션 위주로 잘 갖춰져 있다.

승용차를 이용할 경우 산청시외버스터미널에 주차(무료 주차가능)한 뒤 군내버스나 택시로 갈아타고 둘레길이 시작되는 수철마을회관까지 가면 된다. 수철마을까지의 군내버스 배차 간격이 2시간 정도로 조금 불편하다. 택시를 탈 경우 비용은 8천 원이다. 지리산둘레길 산청안내센터(070-4227-6921)와 성심원안내센터(055-974-0898)가 있다.

7구간 성심원-운리

호랑이 사라진 숲에서
홀로 우는 두견

　수철마을에서 출발한 둘레길 여정은 오후 2시 무렵에 성심원에 닿았다. 지리산둘레길 가운데 난이도가 가장 높은 구간을 앞에 두고 있다. 운리까지 5시간에서 많게는 6시간 이상 소요되는 구간이다. 하지夏至를 사나흘 앞둔 여름 해지만 서둘러야 한다.
　잰걸음의 길에서 동행했던 이석희 국장의 두 발이 사달이 났다. 발바닥에 물집이 생긴 발덧으로 더 이상 걸을 수 없게 된 것이다. 다음 주부터는 장마 진다 하여 운리까지를 목표로 했던 길이다. 망설였지만 결정을 할 수밖에. '고장 난' 발은 산청시외버스터미널로 돌아가고, '성한 발'은 목적지인 운리까지 간 다음 합류키로 했다.
　길동무와의 관계를 어렵게 결정하고 나니 또 다른 선택이 기다리고 있다. 성심원에서 운리까지 가는 길이 두 갈래다. 어천마을을 경유하거나 아니면, 운리로 곧바로 가는 길이다.
　빠른 길을 선택해도 저녁 7시 무렵에 목적지에 도착할 것이다. 운리로 바로 가는 짧은 구간을 선택할 수밖에 없다. 가지 못한 길은 내일에 맡겼다. 어차피 내일은 내리교에서 지곡사를 거쳐 성심원으로 이어지는 길을 가야 한다. 오늘 아침 나절, 내리교 갈림길에서 강변길을 따라 걷는 통에 가보지

웅석봉 하부 헬기장에서 운리로 가는 청계임도 오른쪽에 '달뜨기 능선'을 끼고 완만히 흐르며 20리 길을 간다.

절을 표시하는 깃발을 내걸었던 단속사의 당간지주가 옛 영화에 잠겨 있다.

못한 길이다. 지리산둘레길 연재를 시작하면서 '한 걸음도 빠뜨리지 않겠다'고 약속했었다. 약속을 지키는 일은 생각보다 쉽지 않다.

길은 성심원 뒷편 지리산둘레길 성심원안내센터 부근의 콘크리트 임도에서 시작한다. 십자봉 입구와 '기도의 집'을 지나 길은 S자로 휘어지면서 가파르게 오른다. 힘든 길이 자꾸만 오던 길을 뒤돌아보게 한다.

뒤돌아선 시야에는 경호강 물줄기가 여전한 흐름으로 달리고 발아래로 성당의 십자가와 함께 성심원 전경이 한꺼번에 들어온다.

한센인의 형제 '성심원'

성심원은 가톨릭 재단법인 프란체스코회(작은형제회)에서 운영하는 사회복지시설이다. 1959년 개원했다. 당초에는 프란체스코회 중심의 '한센인 정착 자립마을'이었다. 현재는 한센인 생활시설과 중증장애인시설이 하

성심교에서 바라본 성심원 전경.

나로 통합돼 운영되고 있다. 자료에 따르면 2011년 현재 150명의 한센병력 환자들이 생활하고 있다고 한다. 연인원 2,000명이 넘는 자원봉사자들이 이들을 고수련하고 있다. 자원봉사자들의 마음인 양 성심원 빨간 지붕 위로 결 고운 솜털구름이 흐른다. 길섶의 갈용은 머리를 치켜들어 무성히 달려들고 제철을 지나는 검붉은 산딸기는 혀 끝에서 시큼하다.

얼마나 올랐을까. 아침재 3거리다. 왼쪽은 어천마을에서 올라오는 길이고 오른쪽 길이 운리로 가는 웅석봉 방향의 둘레길이다. 많이 걸은 듯한데 성심원에서부터 겨우 1.4km 지점이다. 된비알길의 거리는 수치에 인색하다.

어천마을을 경유하는 또 다른 길은 성심원 앞 포장도로를 따라 시작된다(뒷날 성심원에서 아침재까지 새로운 여정을 거쳤다). 길은 경호강을 왼편에 두고 강변길로 곧게 뻗어 내리다 산기슭으로 들어선 뒤 다시 어천마을로 나와 아침재로 올라선다.

성심원에서 출발한 길과 어천마을에서 출발한 길이 이곳 아침재에서 만나 운리로 넘어간다.

구불구불 오르내리는 산기슭의 자드락길은 소나무가 장막으로 둘러서 짙은 그늘을 만들고, 솔가리가 수북이 쌓여 걷기에 편하다. 자드락길은 30분쯤 이어지다 어천마을 초입의 어천2교로 내려선다.

어천漁川마을은 웅석봉(1,099m)을 오르는 들머리로 많이 알려져 있다. 경호강으로 흘러드는 어천계곡이 마을 앞을 지난다. 계곡에는 한때 쏘가리며 뱀장어, 가재, 메기, 꺽지 등이 바글거렸다고 한다. 고기 잡을 어漁자와 내 천川자의 마을 이름을 갖게 된 까닭이다.

대개 그렇듯이, 개발 붐을 타고 땅값이 오르면서 마을을 지키며 살아온 주민들은 대부분 떠났다. 주민이 떠난 자리에 펜션과 별장 같은 집들이 들어섰다. 일종의 젠트리피케이션gentrification이다.

오르막 콘크리트 차도인 마을길은 '학래정'과 '웅석봉등산로 입구' 이정표를 거쳐 마을 뒷길을 타고 아침재3거리로 오른다. 길 왼편 고사리밭 너머로 가야 할 웅석봉 능선이 아스라이 펼쳐지고 발길엔 큰까치수염이 무더기로 꽃을 피워 고개 숙이고 있다. 꽃은 수백 개의 큐빅으로 장식한 강아지 꼬리를 닮았다. 꽃 이름에서 만나는 '까치'와 '수염'의 조합은 아무리 생각해도 풀 수 없는 이차방정식이다.

가풀막지게 오르던 임도는 아침재3거리에서 숨을 고른 뒤 한층 나긋해진다. 임도를 따라 40여 분쯤 걸으면 작은 암자인 웅석사를 만난다. 식수부터 챙겼다. 그렇지 않아도 아침재3거리쯤에서 수통이 바닥을 드러내 마음속에 빨간 비상등이 깜박이고 있던 참이다.

곰도 떨어져 죽은 웅석봉

웅석사에서 1km쯤 더 가면 임도에서 벗어나 왼쪽의 계곡을 건넌다. 어천계곡의 상류지점이다.

이제부터는 지리산둘레길 가운데 가장 힘든 길을 가야 한다. 지난해 가을, 이 길을 가며 계곡물의 염도를 높였던 땀방울의 추억을 기억한다. 지난 길은 아득히 떨어지고 앞길은 벌떡 일떠선다.

웅석봉熊石峰은 말 그대로 곰바우산이다. 지리산 능선을 조망하기에 최고의 장소로 꼽힌다. 최고는 지불하는 대가도 최고를 요구한다. 산세가 하도 가팔라 곰이 떨어져 죽었다고 해서 웅석봉이다. 한 번 가 본 사람은 안다. 떨어져 죽은 것이 곰만이 아니라는 것을.

돌비알 된비알의 치받이로 일어서는 웅석봉은 고개 마루에 가까워질수록 거칠게 나를 밀어낸다. 발아래 있던 산길이 눈앞으로 제 몸을 들이대고, 한 번 일어선 길은 다시 드러누울 줄을 모른다.

잠깐 쉬어 머리띠를 쥐어짜면 쏟아지는 땀방울이 한 됫박은 될 성싶다.

내리받이도 힘드는지 웅석봉에서 하산하는 등산객들이 "어천계곡이 얼마나 남았느냐."고 마주할 때마다 묻고 또 묻는다.

가도 가도 끝이 없을 것 같던 능선은 1시간쯤 빡센 오름 끝에야 고갯마루 정상을 허락한다. 웅석봉 하부헬기장이다. 더운 가슴에 기다리고 있던 찬바람이 달려와 안긴다. 목적지 운리까지는 8.5km를 남겨놓고 있다. 청계임도를 따라 걷는 완만한 내리막길이 그나마 위로가 된다.

오른쪽 발길 방향으로 웅석봉 능선이 끝없이 펼쳐지고 있다. 이른바 '달뜨기 능선'이다. 달뜨기 능선은 지리산 치밭목 쪽에서 쳐다보면 달이 뜨는 능선이라고 해서 빨치산에 의해 붙여진 이름이다. 웅석봉에서 감투봉까지의 능선을 일컫는다. 이태의 체험적 수기 『남부군』과 이병주의 대하소설 『지리산』에 소개돼 많이 알려졌다.

"저기가 달뜨기 능선"

> 동무들! 저기가 달뜨기요. 이제 우리는 지리산에 당도한 것이요! 눈이 시원하도록 검푸른 녹음에 뒤덮인 거산이 바로 강 건너 저편에 있었다. …… 1천4백의 눈동자가 일시에 그 시퍼런 연봉을 응시하며 '아아!' 하는 탄성이 조용히 일었다. …… 이현상이 '지리산에 가면 살 길이 열린다'고 했던 빨치산의 메카 대 지리산에 우리는 마침내 당도한 것이다.
>
> — 이태의 『남부군』 중에서

이태가 『남부군』에서 지리산과의 첫 대면을 묘사한 대목이다. 이병주의 『지리산』은 이태의 수기를 토대로 씌어져 표절 의혹을 낳기도 했다.

"천지가 개벽하여 온 세상이 물에 잠겼을 때 꼭대기에 달 하나 앉을 만한 공간만 남았다고 해서 '달뜨기 능선'이라고 부른다."는 또 다른 이야기도 전해 온다. 아쉽게도 웅석봉 정상과 달뜨기 능선은 둘레길에 포함되지 않아 별도의 산행으로 찾아야 한다.

둘레길은 오른쪽으로 기다랗게 펼쳐진 달뜨기 능선을 허리춤에 끼고 운리를 향해 서서히 내려간다. 능선의 품속을 걷다 산모롱이 길턱에 앉으니 숲길은 흑백영화의 정지화면처럼 고요하다. 산이 고요하니 골이 고요하고, 골이 고요하니 내 마음도 고요할 수밖에, 어찌하겠는가. 시선 멎은 곳에 바람이 멈추고 시간도 멈춘다.

당송팔대가의 한 명인 유종원이 이런 적막을 시중유화詩中有畵로 그려낸 바 있다. 그는 오언절구의 짧은 시 「강설江雪」에서 "온 산에 새 한 마리 날지 않고(천산조비절千山鳥飛絶), 모든 길에 사람의 자취 끊겼다(만경인종멸萬經人蹤滅)"고 노래했다.

'지리산에 가면 살 길이 열린다'는 믿음으로 이 길을 걸었던 사람들은 어느 계곡, 어느 능선에서 고요가 되었을 텐가. 지리산의 절絶과 멸滅 속에 하늘나리 빨갛게 피어 하늘을 바라고 있다. 홀로 걷는 휘휘한 숲길은 절絶이어서 적寂이고, 멸滅이어서 막莫이다.

일제가 호랑이 학살에 나서기 전만 해도 웅석봉 일대에는 '지천에 널린 게 호랑이'라는 말이 나올 정도였다고 한다. 호랑이의 포효가 전설이 된 숲에서 홀로 우는 뻐꾸기의 울음이 초혼가가 되어 고요를 깨뜨린다.

포장길의 임도도 홀로 가는 것이 무료했던가 보다. 가다가 휘고 휘었다가는 내리받이로 달리고 다시 쉬엄쉬엄 평지로 늘어지며 장난치듯 20리 포장길을 그렇게 간다.

행선行禪하듯 걷다 보면 청계임도는 두 시간쯤 걸려 점촌마을 어귀의 3거리에 닿는다. 정당매와 단속사지가 있는 탑동마을을 거쳐 목적지 운리는 30여 분 거리다.

운리에 도착, 마을 가게에 들러 차분한 마음으로 아이스크림 하나 입에 막 무는데 산청시외버스터미널에서 기다리고 있던 '고장 난 발'로부터 전화가 걸려 왔다. "어디쯤이여?"

단속사와 정당매

단속사는 신라 경덕왕 때 창건됐다. '입구에서 미투리를 갈아 신고 절을 한 바퀴 돌아 나오면 벗어둔 미투리가 썩어 문드러져 있었다.'고 전할 만큼 큰 사찰이었다. 창건 당시에는 탑동마을 앞으로 비단 같은 계곡이 흘러 금계사라 하였다. 하지만 많은 사람들이 찾아와 수도에 방해가 되자 '속세와의 연을 끊는다.'는 의미의 단속사斷俗寺로 이름을 바꾼 뒤 이름처럼 찾는 사람들이 없어지고 마침내 폐사되었다고 한다.

절이 있던 자리에는 민가가 들어서 마을을 이루고 있다. 민가 앞에 보물로 지정된 삼층석탑 2기와 절을 표시하는 깃발을 내걸었던 한 쌍의 당간지주가 남아 있다. 1967년 보수할 때 서쪽 탑의 1층 몸돌에서 부처님 사리를 보관하는 사리공이 발견됐다.

단속사지 석탑 뒤편에 심어진 '정당매政堂梅'는 고려 말 통정 강회백이 어릴 적 단속사에서 공부할 때 심은 매화나무다. 통정의 벼슬이 나중에 정당문학政堂文學에 올라 정당매라 하였다.

본래의 정당매는 고사하고 현재의 나무는 이보다 100년 뒤 심은 것이라고 전해지지만 이 또한 고사하여 고목으로 남고 몇 년 전 후계목을 심어 관리하고 있다. 표지판의 설명이다.

정당매는 원정공 하즙 선생이 심은 원정매元正梅, 남명 조식 선생이 심은 남명매南冥梅와 함께 '산청 3매' 가운데 하나다.

'추워도 향기를 팔지 않는다.'는 매화는 선비들의 사랑을 받던 나무로 귀한 존재였다. 기껏해야 동네 어귀나 사대부집 뜰에 한두 그루 심어진 것이 전부였던 시절이다.

단속사지 동서 삼층석탑.

정당매와 정당매각.

길 안내

성심원–아침재(1.4km)–웅석사(1.2km)–웅석봉 하부헬기장(1.6km)–점촌마을(6.3km)–탑동마을(1.5km)–운리마을(0.7km)로 가는 12.7km의 구간과 성심원에서 어천마을(3.4km)–아침재(3.5km)를 거쳐 운리마을로 가는 18.2km의 두 갈래 길이 있다.

성심원에서 어천마을로 이어지는 산기슭의 자드락길을 제외하면 모든 구간이 사실상 콘크리트 포장도로로 걷기가 쉽지 않다. 특히 웅석사를 지나 웅석봉 하부헬기장까지 산마루를 오르는 길은 지리산둘레길 최고의 난코스다. 계절에 상관없이 충분한 식수가 필요한 구간이다. 성심원안내센터나 웅석사에서 식수 보충이 가능하다.

대중교통편은 산청시외버스터미널이나 신안면 소재지 원지버스정류장에서 군내버스나 마을버스로 갈아탄 뒤 성심원 앞 성심교(풍현마을 정류장)에서 내리면 된다. 운리에서 산청읍으로 되돌아올 경우 원지버스정류장에서 갈아타야 한다. 운리에서 원지까지의 택시요금은 1만5천 원이다. 원지버스정류장에서 산청시외버스터미널까지는 배차 간격이 원활하다.

승용차는 광주에서 성심원 주차장까지 1시간 40분쯤 소요된다. 광주–대구 고속도로 기준이다.

성심원(055-974-0898)에 게스트하우스가 마련돼 있으며 운리에도 민박이나 펜션 이용이 가능하다.

성심원 세월호 1000일 기도단의 노란 바람개비.　웅석봉 하부헬기장.

8구간 운리-덕산

숲은 여름새 울음으로 가득 차고, 선비의 기개는 바람결에 날린다

'참담하다'는 표현은 너무 고상하다. 2016년 7월 하순, 대한민국의 시간은 역겨움이 가득했다. "국민을 개·돼지로 취급하면 된다"는 고위 공직자의 망언에 이어 현직 검사장이 뇌물로 백억원대의 '주식대박'을 터트리고, 청와대 민정수석은 연일 비위 의혹으로 대서특필되고 있다(7월 22일, '민중은 개·돼지' 발언의 당사자인 나향욱 교육부 정책기획관이 파면되고 앞서 17일에는 진경준 검사장이 9억여 원의 뇌물 및 134억 원대 제3자 뇌물수수 혐의로 구속 수감됐다. 이어 우병우 청와대 민정수석을 둘러싼 처가 부동산 매매 압력행사 등 각종 의혹은 현재 진행형이다).

그래도 용케 길가 감나무에는 갓난아이 조막 같은 열매들이 주렁주렁 열리고 마을 앞 논에서는 곱게 자란 벼들이 가을날을 향해 달려가고 있다. 유월 중순부터 시작된 장마를 피해 한 달 만에 나선 둘레길의 시간은 인간의 탐욕과 상관없이 흐르고 있었다. 내버려 둠으로써 주관하는 시간의 흐름이 경외롭다.

출발지인 운리 마을회관 앞에 서면 산줄기 하나가 병풍처럼 마을을 둘러싸고 있다. 웅석봉 달뜨기 능선에서 갈라져 나온 산줄기다. 산마루에는 운무가 얹혀 능선은 보이지 않았다. 하늘빛은 운무에 가려 산이 하늘로 오

지리산둘레길 최고의 숲길 운리마을에서 백운계곡을 거처 마근담까지 이어지는 시오리 숲길은 참나무를 길벗 삼아 홀로 걷기에 제격이다.

백운계곡에서 마근담으로 가는 길목의 목장승들이 익살스러운 표정으로 여행객의 평안과 안녕을 빌고 있다.

르는지, 하늘이 산으로 내려오는지 모호하다. 예사롭지 않을 한낮의 폭염을 아침 안개에서 본다.

    길은 원정마을로 가는 농로를 지나 운리임도를 타고 시작한다. 숲은 여름새와 매미 울음으로 요란하고 길섶의 참나리는 얼굴 가득한 주근깨가 부끄러워 고개를 숙였다. 심심치 않게 원추리와 칡꽃도 피어 한창이다.

홀로 걸어 좋은 참나무 숲길

    임도를 타고 40여 분쯤 오르다 보면 좌우 한 쌍의 목장승이 위병처럼 서 있는 쉼터를 만난다. 쉼터는 전망대 역할도 겸하며 자연스레 왔던 길을 뒤돌아보게 한다. 지나온 운리마을과 탑동마을이 한눈에 들어오고 마을 뒤 산줄기는 수려한 태극능선이다.

    쉼터에서 호흡을 고른 뒤 20여 분쯤 더 오르면 길은 임도를 벗어나 숲길로 들어선다. 참나무 군락지 길이다. 지리산둘레길 가운데 참나무가 가장 많은 곳으로 백운계곡까지 10리길로 이어진다. 산세는 급하지만 산의 허리를 타고 걷는 길은 동네 뒷산 오솔길처럼 편안하고 아늑하다. 참나무 그늘 사이사이로 빛기둥이 시원하고 두세 번 만나게 되는 작은 개울과 너덜겅은 운치를 더한다. 여럿이보다는 혼자서 걷기에 제격이다. 앞서거니 옆서거니 참나무가 길벗을 대신한다.

살다 보면 누구나 서러워질 때가 있다. 심연에 빠진 설움이 아득할 때 찾아와 걸을 일이다. 흐르는 강 하나 가슴에 담고 걷다 보면 홀로 왔다 홀로 가는 설움을 보게 될 것이다.

참나무 숲길은 백운계곡을 만나 새롭게 흐른다. 장마 뒤끝의 계곡물은 풍요롭고 힘차다. 남명 조식 선생과 그의 제자들이 즐겨 찾던 계곡이다. 계곡에 세워진 현판에는 남명이 이곳에서 「유백운동遊白雲洞」이라는 제목의 칠언절구를 지었다고 소개하고 있다.

계곡을 건너는 아치형 나무다리 위에서 남명의 시를 읽는다.

천하영웅들이 부끄러워하는 바는(천하영웅소가수天下英雄所可羞)/일생의 공이 유留땅에만 봉해진 것 때문(일생근력재봉유一生筋力在封留)/가없는 푸른 산에 봄바람 부는데(청산무한춘풍면靑山無限春風面)/서쪽을 치고 동쪽을 쳐도 평정하지 못하네(서벌동정정미수西伐東征定未收)

— 남명의 시 「유백운동遊白雲洞」 전문

벼슬을 마다하고 처사의 삶을 살았던 남명에게는 '천하영웅의 공도 대자연의 한 뼘 땅'에 불과했을 터다.

내세울 '한 뼘 땅'의 공 없음이 남명의 시로 변명이 되고, 위로가 된다. '가없는 푸른 산' 위로 뭉게구름이 흐르고, 계곡물은 쏠로 흐르고 소로 흐른다. 흐르지 않는 것이 어디 있으랴. 바위를 씻어 흐르는 물꽃에 가슴속 더께도 흘려보낸다.

백운계곡 물꽃에 더께를 씻고

백운계곡을 끼고 길 왼편으로 꺾어져 내려가면 '남명이 지팡이와 신발을 벗어놓고 놀았던 곳'이라는 '남명선생장구지소南冥先生杖履之所' 등 켜켜이 쌓인 남명의 흔적들과 만나게 된다. '산천은 의구하되 인걸은 간데없다'던 길재의 회한이 새삼스럽다. 펜션이 즐비한 백운마을로 내려가는 길이기도 하다.

길은 목적지인 덕산까지 이어지지만 백운마을을 지나면 번잡한 차도를 따라 10리길 이상을 걸어야 한다. 길손은 아무 생각 없이 걷다 이정표를 놓치고 말았다. 길을 잘못 들어 계곡길을 따라 덕산으로 간 뒤 뒷날 백운계곡에서 마근담으로 가는 길을 거슬러 올라야 했다. 굳이 핑계를 달자면 둘레길이 그만큼 길손을 방심케 한 탓이지 길손이 주위를 게을리한 탓만은 아니다.

둘레길은 백운계곡을 가로 질러 곧바로 나아간다. 마근담까지 1.9km라고 쓰인 이정표를 따라 가는 길이다. 마근담으로 가는 길도 백운계곡에 닿기 직전 걸었던 참나무 군락지 못지않게 아늑하다.

소나무 숲과 참나무 숲이 잇따르고, 휘어지는 길섶 따라 산비탈은 벼랑처럼 아스라하다. 기분 나면 활개치고 걸어도 좋고, 생각이 깊어지면 뒷짐지고 걸어도 좋다.

마근담에서 숲길은 끝난다. 콘크리트 포장의 임도를 따라 덕산의 산천재까지 내려가는 시오리 길이 시작된다.

무슨 전설이 어려 있을 것 같은 이름의 '마근담'은 '막힌 담'이라는 말에서 유래했다. 마을 앞 골짝기의 끝자락에 있는 감투봉이 마을을 담처럼 막고 있다고 해서 붙은 이름이다. 이름이 된장찌개 못지않게 토속적이다.

정부가 60년대 초 무장공비의 출현을 막기 위해 주민들을 사리지역으로 이주시킨 뒤 마을은 사라지고 현재는 펜션이 듬성듬성 들어서 있다.

임도는 요리조리 꺾이고 휘어지며 구불구불 돌아간다. 마근담 계곡과 흐름을 함께한 탓이다. 하늘에 수평선을 그은 능선과 능선 위로 펼쳐진 파란 하늘을 자연스레 조망할 수 있어 콘크리트 임도치고는 걷기에 나름 편하다.

남명과 제자들이 즐겨 찾았던 백운계곡 너럭바위에 앉으면 바위를 씻어 흐르는 폭포수가 마음의 더께도 함께 씻어 흘러간다.

길을 걷는 내내 과수원의 감나무가 길손을 향해 손을 내민다. 감 열매는 진초록 잎사귀 뒤로 숨으려 하지만 하루가 다르게 성장하는 몸은 어찌할 수 없다. 숨을 수 없는 열매가 아이의 젖니처럼 귀엽다.

가만히 귀 기울이면 계곡 물소리에 새소리와 매미 울음소리가 섞인다. 급할 것이 없으니 듣보기가 더 즐겁다.

조선 선비의 자존심 '남명 조식'

길은 덕산의 사리마을에서 몸을 푼다. 덕산은 '조선 선비의 기개와 절조의 최고봉'이라고 일컫는 남명이 만년에 제자들을 가르치며 살던 곳이다.

남명기념관에 세워진 남명 석상.

남명의 유품과 서책, 신도비, 남명 석상 등이 있는 남명기념관을 비롯하여 산천재, 덕천서원, 용암서원, 세심정, 선조대왕이 내린 제문 국역비 등이 있다. 남명이 생전에 직접 터를 잡은 묘소도 산천재 뒷산에 자리하고 있다.

남명기념관 앞의 회화나무에는 연노랑 꽃이 싸라기눈처럼 나뭇잎에 얹히거나 땅으로 내려오고, 은은한 향은 바람결에 날린다. '학자수學者樹'라고도 불리는 회화나무는 조선 선비의 자존심이라고 할 수 있는 남명과 잘 어울리는 조합이다.

기념관 건너편에는 남명이 거처하며 제자들을 가르쳤던 산천재가 마주하고 있다. 산천재에 들어서면 지리산 천왕봉이 손에 잡힐 듯하고, 뜰에는 산천재를 지으면서 함께 심었다는 홍매가 반 천년의 세월을 힘겹게 이겨내고 있다. '산청 3매' 중 하나인 '남명매'다.

천왕봉이 잘 보이는 곳에 터를 잡고 매화를 심은 남명의 뜻을 알 듯도 하다. '천왕봉의 높은 기상과 매화의 고결함을 잊지 말라.'는 노스승의 바람이 아니었을까 싶다. '남명매'는 지금도 천왕봉을 바라보며 이른 봄 추위를 아랑곳 않고 해마다 연분홍 겹꽃을 틔운다.

시간을 내어서라도 남명기념관과 산천재에 들러 조선의 선비에게 예를 갖추길 권한다. '우리에게도 이런 선비가 있었다.'는 자긍심의 표출이다. 만무방의 거덜들이 벼슬아치가 되어 공직을 농단하는 시대이기에 더욱 그렇다.

'헛된 이름으로 출세하는 것보다는 곡식을 바쳐 벼슬을 사는 것이 낫지 않겠습니까.' 남명이 벼슬길에 나오라는 어명을 받들 수 없다며 올린 상소문의 한 대목이다. 자신에 대한 세상의 명성이 한갓 허명虛名에 불과하다는 것이다. 출사할 수 없다는 첫 번째 이유였다. 자신에 대한 명성을 허명으로 치부할 수 있을 만큼 무섭도록 치열하게 살았던 사내, 천왕봉을 사랑하다 스스로 천왕봉이 되어 버린 사내, 그가 그립다.

산천재를 나와 덕천강 둑길을 따라 걷는데 맞은바라기의 지리산 천왕봉이 성큼 내려오고 있다.

조식曺植(1501~1572)과 단성소丹城疏

조선시대 선비정신을 대표하는 인물. 호는 남명南冥. 성호 이익은 '기개와 절조의 최고

남명이 거처하며 제자들을 가르쳤던 '산천재'와 산천재를 건립하며 함께 심었던 '남명매'.

남명의 유품과 서책 등을 보관하고 있는 '남명기념관'.

봉'이라고 찬사를 부여했다. 퇴계 이황과 쌍벽을 이룰 만큼 학문이 깊었다.
명종과 선조로부터 여러 차례 관직이 내려졌으나 한 번도 벼슬길에 나가지 않았다. 평생 처사의 삶을 살며 실천궁행의 학문으로 제자를 기르는 데 힘썼다. 임진왜란 때 의병을 일으킨 곽재우, 정인홍, 김우옹 등 수백 명의 문도를 길러냈다.
명종 10년, 단성 현감으로 부름을 받고 올린 사직상소문이 남명의 유명한 「단성소」이다. 「을묘사직소」라고도 한다. 그의 나이 55세 되던 해다.
"…전하의 국사가 그릇된 지 오랩니다. 나라의 기틀은 무너졌고, 하늘의 뜻도 이미 전하에게서 멀어졌습니다. …나라가 이 지경이고 보면, 자전(명종의 어머니인 문정왕후)께서 생각이 깊으시기는 하나 깊은 궁궐 안의 한 과부에 지나지 않고, 전하는 나이 어린 선왕의 외로운 한 고아일 뿐입니다. 저 많은 천재天災와 천 갈래 만 갈래로 흩어진 민심을 무엇으로 막고, 수습하시렵니까. … 전하께서 종사하시는 일이 무슨 일인지 모르겠습니다. 학문을 좋아하십니까. 주색을 좋아하십니까. 군자를 좋아하십니까. 소인을 좋아하십니까. 그 좋아하는 것이 무엇이냐에 국가의 존망이 달려 있습니다. …왕도의 법이 왕도의 법답지 않으면 나라답게 되지 못합니다. …"
'죽음을 무릅쓰고 아뢴' 남명의 상소는 450여 년이 지난 오늘도 여전히 유효한 가치가 아닐 수 없다. 민주공화국인 21세기 대한민국의 시대정신은 이런 선비가 있고, 이런 선비에게 사후에라도 벼슬을 내리던 왕조의 시대정신에 비해 얼마나 진보했을 텐가. 선인들의 발자취 앞에 나의 행색이 초라하다.

길 안내

운리마을회관에서 백운계곡(6.2km)-마근담입구(1.9km)-덕산(6km)까지 14km에 달하는 구간이다.

운리마을에서 백운동계곡으로 가는 들머리와 마근담에서 덕산까지의 날머리를 제외하면 둘레길 최고의 숲길이 시오리에 걸쳐 펼쳐진다. 다만 목적지에 닿을 때까지 식수나 간단한 식사를 할 만한 편의시설이 없음을 감안해야 한다.

승용차를 이용할 경우 단성의 '운리마을회관'이나 '다물민족학교'를 목적지로 설정하면 된다. 광주-대구 고속도로를 경유하며 광주에서 2시간쯤 소요된다.

대중교통을 이용할 경우에는 진주시외버스터미널이나 산청시외버스터미널에서 산청의 원지버스정류장(055-973-0547)까지 간 다음 다시 청계행 군내버스를 갈아타야 한다. 군내버스는 하루 4차례뿐으로 조금 불편하다. 원지버스정류장에서 운리마을회관까지의 택시비용은 1만5천 원.

숙소는 민박과 여관 이용이 가능하다. 도중에 들를 수 있는 백운마을이나 마근담 농촌체험마을, 남사예담촌, 또는 다음 구간의 첫 마을인 중태마을에서도 민박이 가능하다.

참고로 조선시대부터 사용해온 덕산德山이라는 명칭은 행정지명이 아니다. '덕산정류장', '덕산장' 등 간판이나 지명에 덕산이라는 이름을 많이 사용하고 있으나 시천면과 삼장면 일대를 통칭하여 덕산이라 부른다. '운리-덕산' 구간의 귀착점인 '덕산'은 시천면소재지를 한정하여 일컫는다.

9구간 덕산-위태

대숲에선 솔도
대나무처럼 운다

산천재를 나와 덕천강을 따라 걷다 보면 길은 '덕산약초시장'을 지나 다리 하나를 만난다. '원리교'로 사실상 덕산-위태 구간의 시작점이다. 지리산 천왕봉에서 중산리계곡을 거쳐 내려오는 시천면 방향의 물줄기와 지리산 동쪽 대원사계곡을 타고 내려오는 삼장면 방향의 물줄기가 이곳에서 합류하여 덕천강의 몸집을 불린다. 원리교 아래로는 대원사계곡의 물줄기가 흘러든다.

길은 원리교를 지나 왼편으로 꺾어진 뒤 덕산고등학교 앞에서 또다시 왼편의 '천평교'를 건넌다. 다리 아래로 중산리계곡의 물줄기가 덕천강으로 흐른다.

남명은 이곳 두물머리를 보고 '두류산 양단수를 녜 듣고 이제 보니/도화 뜬 맑은 물에 산영조차 잠겨세라/아희야, 무릉이 어듸오 나는 옌가 하노라'라는 「두류산양단수頭流山兩端水」를 지었다. 그 시비가 원리교와 천평교 사이에 세워져 있다.

천평교를 건너면서 길은 곧바로 덕천강변길을 타고 유U턴하듯 되돌아간다. 되감기 화면처럼 강 너머로 덕산시장과 산천재, 남명기념관, 선비문화연구원 등이 다시 펼쳐진다. 웅석봉 줄기도 아스라하다. 발로 밟고, 눈에

지리산 천왕봉을 바라보며 덕천강변길을 따라 걷던 길은 덕산고등학교 앞에서 천평교를 돌아 건너편 강변길로 되돌아 나온다. 멀리 천왕봉이 아스라하고 덕천강에서는 동네 아주머니들이 다슬기를 잡고 있다.

산골의 작은 저수지에서는 지나던 구름도 더운지 몰래 목욕을 하고 간다.

넣고, 가슴에 담고 지났던 순간들이 벌써 그리움이 된다.

건너편으로 보이는 덕산시장은 지리산의 각종 약초와 곶감으로 그 정체성을 갖는다. 매 4일과 9일에 열리는 오일장이다.

강에서는 여인네 두 사람이 물속에 앉아 옴지락거리고 있다. 아마도 다슬기를 잡고 있을게다. 덕천강에는 지금도 은어, 꺽지, 쏘가리, 메기 등이 천렵의 즐거움을 선사한다. 물이 그만큼 맑고 깨끗하다는 반증이다. 아둔한 탓이겠지만 '꺽지회'도 덕산에서 처음으로 알게 됐다.

강변길 오른쪽으로는 덕천강을 따라 넓은 논밭이 펼쳐진다. 냇가에 자리한 들녘이라 하여 '천평川坪'이다. 풍수에서 명당을 가리키는 금환락지金

環落地로 꼽힌다.

덕천강의 '꺽지회'

바람 없는 강변길은 고요하고 중복을 사나흘 앞둔 햇발은 맹렬하다. 길 옆 과수원의 감나무 잎도 땡볕에 기운을 잃었다. 여름하늘이 푸르러 강물도 푸르고 들녘도 푸른데 덕천강 둔치의 참나리는 제 혼자 붉음이 부담스러운지 고개를 숙였다.

1시간쯤 걸어 길은 덕천강과 헤어져 오른쪽 중태마을로 향한다. 중태마을은 오래전부터 닥종이 생산지로 유명한 마을이다. 지금은 닥종이 소비가 끊이면서 닥나무 대신 감나무가 들어섰다.

중태마을은 동학혁명 때 마지막 녹두꽃이 졌던 곳 가운데 하나이다. 우금치 전투에서 패한 동학농민군 일부가 추격하던 관군을 맞아 이곳에서 목숨을 버렸다. 당시 마을 주민들은 관군의 눈을 피해 농민군의 주검을 인근 골짜기에 가매장하여 가족들이 찾아갈 수 있도록 했다. 농민군의 시체가 가매장되었던 골짜기는 아직도 '가장골'로 불린다.

마을 어귀 당산나무 아래에 자리하고 있는 지리산둘레길 중태안내소에 들러 방문록에 서명하고 설문지를 작성한 뒤 길을 나섰다. 안내소에서는 목도 축이고 숲길체험지도사로부터 둘레길의 필요한 정보를 얻을 수 있다.

중태마을에서 1시간쯤 깔끄막을 오르면 유점마을이 나온다. 산꼭대기 바로 밑에 자리한 마을이다. 예전에 유기(놋그릇)를 만들던 마을에서 이름이 유래한다고 하나 지금은 관련된 흔적을 찾아볼 수 없다.

대신 몇 가구 되지 않는 마을 중심에 '제7일 안식일 예수재림교회'라는 간판의 소담한 건물이 들어서 있다. 1938년부터 안식교인들이 들어와 살고 있어 '안식교 마을'이라고도 한다.

길은 콘크리트 포장길인 데다가 가풀막져 쉽지 않다. 지리산둘레길 '덕산-위태 구간'에서 난이도가 가장 높다. '중태'나 '위태'라는 마을 이름이 당치 않게도 쉽지 않는 둘레길의 상태에 빗대어진다.

유점마을을 향해 오르다 보면 포장길 옆으로 중태천이 흐른다. 물이야 높을수록 맑은 것이 당연지사인지라 그 안에 노니는 갈겨니와 다슬기가 평화롭다.

유점마을과 연이어진 대숲길을 지나면 언덕배기에 수백 년 된 서어나무 네 그루가 마을을 굽어보고 있다. 유점마을을 포함한 중태리의 가장 어른 나무다. 임진왜란과 동학혁명도 지켜보고 한국전쟁의 살육도 지켜보았으리라. 잎보다 가지가 많은 늙은 서어나무가 제공한 그늘은 나이만큼 두텁지 않다.

천하일품 '덕산 곶감'

둘러보면 사방이 감나무 밭이다. 산이 감나무 밭이고 감나무 밭이 산이다. 중태마을을 지나면서부터 끝없이 펼쳐지는 감나무 밭은 덕산장이 곶감장으로 유명한 이유에 대한 실증이다.

이곳 곶감은 지리산의 고온 건조한 바람과 계곡을 타고 내려오는 차가운 기운이 빚어낸 합작품이다. 칠산 앞바다의 조기가 영광에서 굴비가 되듯 지리산의 고종시가 덕산에서 천하일품 곶감이 된다.

유점마을에서 1km쯤 오르면 비로소 임도를 벗어나 산길로 들어선다. 처음으로 만나는 숲길이 반갑다. 서늘한 기운과 등산화를 통해 느껴지는 보드라운 흙의 감촉이 살피를 대신한다.

가파른 숲길은 쉽지 않지만 대신 길지도 않다. 10여 분쯤 오르면 고갯마루에 닿는다. 목적지인 위태까지 2km를 남겨놓고 있다.

고개는 산청과 하동의 분수령이다. 덕산 사람들은 소금이나 비료를 구하려 고개를 넘고, 하동 사람들은 덕산장을 보기 위해 넘나들던 고개다. 산청 사람들은 중태재라 부르고 하동 사람들은 위태재라 부른다. 갈치재라고도 하고 갈티재, 또는 갈퇴재라고도 한다. 고개는 하나인데 이름이 너댓이다.

유점마을을 지나 위태마을로 가는 자드락길.

고개는 한국전쟁 당시의 생채기를 안고 있다. 가끔 마을로 내려오는 빨치산과 매복해 있던 군경 간의 치열한 전투가 발생, 주검이 넘쳐 났던 곳이다.

둘레길 중태안내소 한성섭 숲길체험지도사는 "시체가 너무 많아 수습하지 못할 정도였다고 마을 주민들은 기억하고 있다."며 "한때 희생자들에 대한 인골 수습이 이뤄지기도 했으나 지금은 이 일대의 지형이 변해 더 이상 이뤄지지 않고 있다."고 전했다.

고갯마루에 아픈 사연을 소개하는 안내판이라도 하나 세웠으면 좋을 듯싶다. 지나는 사람들이 돌멩이 하나씩이라도 올려 넣을 위로하고 땅의 평화를 기원할 수 있도록.

고개를 넘으면 곧이어 밀도 높은 대나무밭을 만난다. 오래전 논밭의 흔적인 양 층층의 두렁이 남아 있다. 버려진 천둥지기에 벼 대신 대나무가 자라 하늘을 가리고 있다.

버려진 천둥지기에 벼 대신 대나무가 울창하게 자라고 대숲에 들어서면 어둠이 스멀스멀 기어 나와 해를 삼킨다.

대나무 밭에 들어서면 개기일식처럼 어둠살이 스멀스멀 기어 나와 해를 삼킨다. 대밭 안의 세상은 대밭 밖의 세상과 별개로 움직인다. 마치 시간이 동을 한 듯 낯설면서도, 또 익숙하다.

익숙함은 중국무협영화이다. 대나무 밭은 이완 감독의 〈와호장룡〉이나 장이머우 감독의 〈연인〉에서 나오는 대숲 싸움의 한 장면을 떠올리게 한다. 주윤발과 장쯔이가 휘청거리는 대나무 위에서 춤추듯 칼을 겨누는 장면이나, 맹인 무사 장쯔이를 쫓아 복면자객들이 대나무를 거꾸로 타고 내려오는 장면은 대밭이 주는 기시감이다.

대숲에 사는 소나무

문득 푸른 대숲에서 홀쭉한 갈색 기둥 하나가 눈에 들어온다. 하나인 줄 알았던 갈색 기둥은 다시 보니 드문드문 숨바꼭질하듯 대숲에 섞여 있다.

살기다툼으로 대나무와 키 재기를 하고 있는 소나무 기둥이다. 옆으로 뻗은 잔가지도, 사시사철 푸름을 자랑하는 바늘잎도 다 버리고 대나무를 닮은 매끈한 몸통만 드러내고 있다.

　　높이 치솟아 보이지 않는 끝자락 어디쯤에 잔가지나 푸른 잎이 있어 하늘을 보리라. 바람이 불면 야윈 소나무는 대나무처럼 흔들린다. 어찌하랴. 산다는 것은 애증으로 부대끼며 이리 닮아가는 것임에야. 대숲에서는 솔도 대나무처럼 운다.

　　복효근은 그의 시 「어느 대나무의 고백」에서 '(전략) 아아, 고백하건데/ 그놈의 꿈들 때문에 서글픈 나는/생의 맨 끄트머리에나 있다고 하는/그 꽃을 위하여/시들지도 못하고 휘청, 흔들리며, 떨며/다만 하늘을 우러러 견디고 서 있는 것이다'고 노래했다. 대숲에서는 소나무의 꿈도 대나무만큼 서글픔을 본다.

　　대밭을 나오면 세상은 다시 일상으로 돌아가 밝은 하늘이 열리고 땅에

위태마을 '정돌이 민박집'에서 바라본 앞산의 능선 자로 잰 듯한 능선위로 해와 달이 뜨고 지평선과 수평선은 의미를 잃는다.

는 실한 벼들이 푸르다. 대밭을 타고 내려온 물은 실개천으로 흘러 위태마을 뒷산 기슭에 아담한 저수지를 이룬다. 거울처럼 맑은 저수지에 뭉게구름이 쉬어가고 건너편 산기슭의 오리나무도 슬며시 내려온다. 왼편으로 바라다 보이는 능선은 마치 자를 대고 하늘에 선을 그은 듯 반듯하다. 능선이 하도 반듯하여 산 위로 뜨는 보름달이 수평선의 해돋이와 다를 바 없을 듯하다.

목적지인 위태마을은 예전에 상촌으로 불렸다. 청암면에서 옥종면으로 편입되면서 위태로 지명이 바뀌었다. 마을회관이 있는 진등을 비롯하여 안몰, 중몰, 괴정지 등 여러 작은 마을로 이뤄졌다.

둘레길의 다음 구간인 위태에서 하동호까지는 진등마을회관 앞을 거쳐 위태 정류장이 있는 차도를 건넌다. 마을 어귀의 네모진 저수지(상촌제)를 지나 건너편 산기슭 아래 '민박'이라고 쓰인 담장을 길라잡이 삼으면 된다. 한낮의 길었던 해도 어느덧 민박집 지붕을 넘고 있다.

길 안내

덕산시외버스터미널-원리교(2.0km)-천평교(0.3km)-중태마을(2.6km)-유점마을(2.1km)-중태재(1.3km)-위태마을회관(2km)까지 10.3km에 달하는 구간이다. 산청에서 하동으로 넘어가는 길이다.

승용차를 이용할 경우 덕산시외버스터미널이나 시천면사무소를 목적지로 설정하면 된다.

광주-대구 고속도로와 통영-대전 고속도로를 경유하며 광주에서 2시간쯤 소요된다.

대중교통을 이용할 경우에는 진주시외버스터미널(055-741-6039)에서 대원사나 중산리 방향의 차를 타고 가다 덕산에서 내리면 된다. 50여 분 소요되며 배차간격은 30분이다.

목적지인 위태에서 되돌아 나오는 교통이 매우 불편하다. 위태마을회관 건너편 위태정류소에서 옥종이나 진주터미널로 간 뒤 다시 덕산행 시외버스를 이용해야 한다. 이나마 하루 세 번밖에 없다.

위태마을에서 민박이 가능하다. 운이 좋으면 지리산 밤하늘의 별들이 민박집 평상 위로 쏟아져 막걸리 잔에 담기기도 한다. 행운이 있길!

천평교를 건너면서 길은 덕천강변길을 타고 되돌아가며 중태마을로 향한다.

10구간 위태-하동호

흔들리는 벼꽃에서
神의 미소를 본다

고백하건대 쌀도 꽃이 피어야 맺히는 열매라는 것을 오늘에야 알았다. 자연의 당연한 이치인데도 '벼도 꽃이 핀다'는 관념조차 갖지 못했다.

어느 날 우연찮게, 부모님도 신음을 안으로 삼키며 아픔을 참을 때도 있다는 것을 뒤늦게 지각하게 되는 것과 같은 당혹감이다.

위태마을에서 하동호로 넘어가는 구간의 지리산둘레길 들머리는 위태마을 정류장에서 시작된다. 일제 때 만들어졌다는 네모진 형태의 상촌제 아래로 벼들이 자란 논들은 누르스름하거나 더러는 아직 푸르다.

그때 보았다. 논에는 벼들이 피어 꼿꼿한데 벼마다 하얀 무엇이 붙어 있다. 풀잠자리 알을 닮았다. 벼꽃이다. 벼꽃은 바람이 없어도 스스로 흔들리며 제꽃밭이로 나락을 여물게 한다.

흰쌀밥의 한 톨 한 톨은 이처럼 가녀린 꽃이 온몸으로 만들어 낸 기적들이다. 밥이고 생명이자 성스러운 신의 미소다. 이때껏 나를 키운 것은 신의 미소였음을 이제야 깨닫는다.

어린 시절 목구멍을 타고 넘어가던 흰쌀밥의 보드라운 감촉이 새삼스럽다. 흔들리는 벼꽃에서 3천 년에 한 번 핀다는 전설의 꽃 우담바라를 본다.

'정돌이' 민박집 근방에서 바라본 위태마을 전경 백일홍은 산골마을에서 홀로 붉어 가는 여름을 붙잡는다.

벚꽃과 우담바라

지난번 여행 때 하룻밤 묵었던 '정돌이민박' 집의 등굽잇길을 타고 지네재로 향한다. 민박집 주인이 차려준 차반에 반해 배가 무등산만 해졌던 기억이 새롭다. 주인집에서 묵었던 여행객에 한하여 하동호까지 길라잡이 해준다는 진돗개 '정돌이'는 보이지 않는다. 어젯밤 묵었던 길손을 안내하며 산길 어디쯤 가고 있나 보다.

지네재로 가는 길은 밤나무와 감나무 밭의 연속이다. 홀로 가는 고갯길은 쉽지 않다. 산길의 난이도는 길을 가다 뒤돌아보는 횟수에 비례한다. 지네재 가는 길에는 자꾸만 멈춰 서서 뒤를 보아진다.

산중호수인 하동호 인근 60여 개 마을의 농사를 책임지고 있는 호수에 지리산 자락의 산 그리메가 담겨 장관을 이룬다.

산다는 것은 저마다 자기의 짐을 짊어지고 숙명처럼 고개를 넘는 것이라고 했다. 짊어진 짐을 감당할 수 있기만을 바랄 뿐이다. 고갯길 재빼기에서 반기는 서늘한 바람 한 줌이면 두 다리는 다시금 고개를 넘을 수 있도록 힘차 오를 것이다.

얼굴에 흐르는 땀을 연신 훔치며 오르는데 감나무 밭 농막에서 지아비와 새참을 들던 중년의 지어미가 낯선 객을 부른다. "식사 안 했으면 한술 뜨고 가소!"

배고프지도 않았지만 넉살좋게 수저를 끼어 넣을 만한 비윗살도 없는 이 성품을 어찌하랴. '조금 전에 막 식사하고 오는 길'이라며 사양하고 지나

지만 훈훈한 인심은 가슴에 남는다. 내 누군가에게 이자 붙여 갚아야 할 빚이다.

"한술 뜨고 가소!"

위태마을 정류장에서 등산화 끈을 고쳐 맨 뒤 40여 분쯤 걸려 지네재에 도착했다. 주산(오대주산)에서 뻗어 내려온 능선의 모양이 지네를 닮았다 하여 붙여진 이름이다. 위태와 오율마을을 넘나드는 고개다. 출발지로부터 1.2km 왔다. 시간당 평균 2.5km의 산행 속도를 감안할 경우 지네재의 치받이를 가늠할 수 있다. 목적지 하동호까지는 10여km를 남겨두고 있다. 오른쪽은 지리산 능선을 보며 걷기에 좋다는 주산 등산로다.

내리막 숲길은 그늘지고 솔가리가 깔려 걷기에 편하다. 소나무 우거진 숲에 수적으로 열세인 대나무가 힘겹게 볕바라기 하고 있다.

어디선가 보았던 글이 생각난다. '소나무는 이기적인 나무다. 뿌리에 독성이 있는 데다가 밑에 깔린 솔가리는 다른 나무의 씨앗이 뿌리를 내리는 것을 방해한다. 때문에 소나무만 울창한 경우가 많다.'고 했던 것 같다.

'소나무의 이기심'에는 동의할 수 없으나 뿌리를 잘 못 내린 대나무가 안쓰러운 것은 어쩔 수 없다. 길고 가냘픈 대나무는 작은 바람에도 온몸이 휘청거린다.

지네재에서 숲길을 타고 20여 분쯤 가다 보면 길은 말굽 같은 포장임도에서 왼쪽의 오율마을로 향한다. 맞은바라기 능선들은 발 아래로 아득한데, 매미 울어 이명은 그치지 않고 이명으로 매미는 울음을 그치지 않는다.

길은 다시 20여 분을 걸어 오율마을을 지나 '매실와인' 간판의 건물을 끼고 되돌아가듯 V자 형태로 꺾어지며 급하게 오른다. 궁항마을로 가는 된비알길이다. 1km 남짓한 거리이지만 극한을 경험한다.

가파른 계단은 하늘로 오르고 소나무를 베어 만든 계단목에는 저승꽃처럼 버섯들이 피어났다.

가풀막진 치받이 길이 끝나고 궁항마을로 가는 길의 밭둑에서 까마중 열매가 까맣게 익어가고 있다. 종이컵에 담긴 쥐눈을 닮은 까마중 열매 한 옴큼은 오늘 저녁 막걸리 안주가 되어 어린 시절의 입맛을 되살릴 것이다. 까마중 열매가 입안에서 톡톡 터지며 지난했던 숲길의 수고를 보상했다.

하늘로 오르는 계단

　궁항마을은 마을 터가 활의 목처럼 휘어졌다 하여 붙여진 이름이다. 마을은 사방이 높은 산으로 둘러싸여 옴팍지게 자리하고 있다.

　지난해 겨울, 궁항리 민박집에서 보았던 별들의 향연이 꿈만 같다. 산골의 이른 잠에서 깨어나 바라본 오밤중의 별똥밭에서 뭇별이 폭죽처럼 터지

지리산에 추락한 ET 그의 기다란 손가락 끝에 나의 검지를 맞대면 ET가 다시 살아나려나….

고 있었다. 별들은 광년光年의 거리를 달려와 지리산의 밤하늘에서 한바탕 축제를 벌였었다. 별똥별이 우주선처럼 날고, 은하수에서는 금세라도 우유가 쏟아져 지리산을 적실 듯했었다. 총총한 별들의 향연에 숲길도 잠들지 못했고, 윤슬은 나뭇잎에서 출렁거렸다. 초등학교 시절, 시골마을 외할머니 댁 마당에서 모깃불을 피워 놓고 바라보던 밤하늘이 그곳에 있었다. 지금도 눈 감으면 별들의 왁자한 소리가 들리는 듯하다. 궁항마을에서는 오대산 가을 단풍이 볼거리라고 하는데 지금은 땡볕이 내리쬐는 8월 하순의 한낮, 기다리기에 어둠은 너무 멀고 단풍은 더 멀다.

궁항마을회관 앞에서 차도를 가로 질러 농로를 지나면서 길은 오르막 콘크리트 임도로 이어진다. 길에서는 감나무와 밤나무 밭뿐만 아니라 대나무 밭도 자주 만난다. 지리산둘레길 가운데 위태에서 하동호까지는 대나무 밭을 가장 많이 만나는 구간이기도 하다.

조금 더 오르면 ET 그림과 함께 부서진 자전거 하나가 콘크리트 바닥에 놓여 있다. 어느 예술가의 설치작품이다. ET의 손가락이 가리키는 곳에는 보름달 대신 작품설명이 새겨져 있다.

간추리면 이렇다. '자전거를 타고 오던 ET가 지리산 절개지에 부딪혀 죽었다. 개발에 밀려 이전에 그려 놓은 지형이 달라진 탓이다. 인간 편의의 방법이 우주에도 영향을 미친 것이다. 그러나 ET는 죽어서도 인간에 대한 희망으로 밤하늘에 작은 불빛을 남겨 놓았다.'

작가가 전하고자 하는 메시지 못지않게 작품설치 장소로 지리산둘레길의 첩첩 산중을 택한 작가의 상상력이 기발하다. ET의 기다란 검지 끝에 나의 검지를 맞대면 죽었던 ET가 살아나려나 싶다.

길을 걷는 내내 붉은빛이 도는 자주색 칡꽃이 향을 흘리고 있다. 홀로 가는 산길에 칡꽃 향은 마음의 벗이 되어 동행한다. 당나라 현종이 양귀비보다 칡꽃을 먼저 알았다면 아마도 '경국지향傾國之香'쯤은 족히 됐을 성싶다. 하긴 향香과 색色이 둘이 아닐 터니 향에도 취하면 '경국'이 될 수 있을 터다. 생각의 흐름과 달리 후각은 깊고 긴 들숨으로 향을 쫓는다.

'경국지향'의 칡꽃

궁항마을에서 포장 임도를 타고 1시간쯤 오르다 보면 '양이터재'에 도착한다. 임진왜란 당시 양씨와 이씨가 피난을 와서 터를 잡은 곳이라 해서 양이터재다.

백두대간이 끝나는 지리산 영신봉에서 시작해 김해로 흐르는 낙남정맥이 지나는 곳이다. 이곳을 기점으로 낙동강 수계가 섬진강 수계로 바뀐다. 하동호까지는 5km가량을 남겨두고 있다.

양이터재에서 두어 마장쯤 내려오면 길은 임도에서 빠져나와 오른쪽 숲길로 들어선다. 숲 그늘은 짙어 한낮에도 서늘하고 소와 쏠이 빚어내는 물소리는 제법 기운차다. 크고 작은 소는 목마른 산짐승들에게 최고의 감로수가 될 터다.

숲길은 40여 분간 이어지다 양이터재를 지나 헤어졌던 임도를 다시 만나 나본마을로 향한다. 임도는 울창하거나 또는 치열한 대나무 숲을 지난다. 대숲에 두 발을 심으면 나도 대나무처럼 비워져 마디마디 공명共鳴으로 채울 수 있을 텐가. 비우지 못하는, 비울 수 없는 덧없는 마음을 본다.

나본마을 앞에 서면 그야말로 '느닷없이' 하동호가 모습을 드러낸다. 마을이 대숲에 가려졌던 탓이다. 나본마을에서 호숫가를 따라 조성된 나무데크 길은 하동호의 하류인 하동댐까지 2km가량 이어진다. 축구장 8배 크기의 인공 산중호수인 하동호는 인근 60여 개 마을의 농사를 책임지는 생명수 역할을 하고 있다. 호수에 담기는 칠성봉 자락의 산 그리메가 장관을 이룬다.

하지만 호수는 가슴팍을 허옇게 드러내 놓고 가뭄에 기진맥진하고 있다. 새끼를 먹이느라 말라버린 짐승처럼 야위었다. 물이 빠진 호수의 기슭에 수몰됐던 나무들이 고사목처럼 앙상한 모습을 드러내고 있다. 한때 우렁찬 물줄기로 흘렀을 하동댐의 수로도 동굴 같은 입을 벌리고 있다.

처서處暑를 사흘 앞둔 끝자락 더위는 맹렬했다. 백년만의 더위라고 했다. 추위나 더위는 기억 속에서 매년 갱신을 거듭하겠지만 그렇다고 하더라도 올 여름 더위는 유별나다. 기세 같아서는 계절을 잊은 여름 더위가 크리스마스 때까지 갈 것만 같다.

벼꽃

벼꽃은 '자마구'라고도 한다. 자마구는 '곡식의 꽃가루'를 말한다. 벼꽃이 피는 것은 개화라고 하지 않고 출수라고 한다. 이삭이 나오면서 바로 피어 수정이 이뤄지기 때문이다.

오전 10시부터 오후 2시 사이에 핀다. 이때 나락의 껍질이 반으로 갈라지며 나락 하나에 꽃밥을 머리에 인 6개의 수술이 올라온다. 그 사이 수술의 꽃가루가 암술머리로 쏟아지고 껍질은 기다렸다는 듯이 본래 모양으로 닫힌다. 껍질이 벼꽃의 꽃잎인 셈이다. 꽃가루를 쏟아붓은 꽃실(수술대)은 시들어 버린다. 이 모든 과정이 1~2시간 이내에 이뤄진다. 벼 이삭 한 개에는 90개에서 150개의 나락이 열리는데 한 개의 이삭은 3~5일에 걸쳐 꽃을 낸다.

길 안내

위태-지네재(1.8km)-궁항마을(2.9km)-양이터재(2.2km)-나본마을(2.8km)-하동호(2.1km)까지 11.8km에 달하는 구간이다. 하동군 옥정면에서 청암면으로 이어진다. 4시간에서 5시간 소요된다.

들머리인 위태마을까지 찾아가는 길이 쉽지 않다. 하동시외버스터미널(055-883-2663)에서 군내버스를 타고 옥종시외버스터미널까지 간 뒤 다시 택시를 이용, 위태마을회관에서 내리면 된다. 원점회귀하여 승용차로 귀가하는 것이 가장 편안한 방법이다. 승용차로 하동시외버스터미널까지는 2시간쯤 소요된다. 하동시외버스터미널에서 옥종행 군내버스는 하루 몇 차례 운행하지 않은데다 배차시간이 계절에 따라 변경된다. 사전에 운행시간을 확인하고 계획을 세워야 한다.

광주에서 오전 7시에 출발, 하동시외버스터미널 인근에 승용차를 주차한 뒤 오전 9시 30분 발 옥종행 군내버스를 이용했다. 옥종시외버스터미널까지는 1시간 남짓 소용되며 옥종에서 들머리인 위태까지 택시비는 1만1천 원. 궁항마을과 나본마을에서 민박이 가능하다. 또는 하동호를 지나 평촌마을에서도 하룻밤 묵을 수 있으며 다음 구간의 목적지인 삼화실까지 갈 수도 있다.

홀로 걷는 숲길에서는 등짐의 배낭도 길벗이 되어 함께 쉬어 간다.

11구간 하동호-삼화실

'왜 걷느냐'고 물었더니
징검다리는 '말줄임표'라 하네

하동호 관리사무소가 있는 하동댐 제방 끝에서 '하동호-삼화실' 구간이 시작된다. 위태마을에서 오전 11시에 시작한 길은 오후 3시 30분께 하동호 관리사무소에 닿았다.

길은 뒷길에서 앞길로 이어지지만 몸과 마음은 매듭 하나 짓고 새로운 출발선에 선다.

벚나무 가로수 그늘 아래 놓인 의자에 앉아 채비를 새로이 했다. 마지막 하나 남은 바나나에 죽염을 섞어 탄수화물과 염분을 보충하고 신발 끈을 풀어 양말을 바꿔 신었다. 기운이 나름 새롭다. 관리사무소 위에 자리한 '비바체리조트'에서는 막바지 피서를 즐기는 아이들의 웃음소리가 울타리 밖으로 흘러넘친다.

하동호 둑을 내려와 평촌마을로 가는 길은 횡천강이 동행한다. 횡천강은 청암천이라고도 부른다. 햇발은 여전히 맹렬한데 오른쪽 인조잔디가 깔린 청암체육공원의 축구장엔 바람 빠진 축구공 하나가 심드렁하다.

평촌마을에 닿기 전 횡천강변에 나팔 모양의 확성기가 우뚝 서 있다. 하동호 방류 등에 대비한 재난 방송용일 테다. 가뭄으로 바짝 야윈 하동호를 보며 확성기는 무슨 말을 하고플까. 확성기도 나처럼 시원한 맥주 한 잔이

황천강의 징검다리 여울이 이는 한 아름의 다릿돌 사이로 피리가 떼 지어 다니고 주변의 산그리메는 강 위로 내려와 쉬어간다.

하월마을의 벚나무 당산 서늘맞이를 즐기는 동네 할머니들의 두런두런 얘기 소리를 당산나무가 귀 쫑긋 세워 듣고 있다.

간절할까 싶다.

지리산둘레길에서 가장 많이 만나는 과실나무는 단연 감나무다. 둘레길을 가는 내내 감나무는 무럭무럭 잘도 자란다. 이른 봄날에 붉은빛이 도는 새잎이 돋는가 싶으면, 금세 노란 꽃이 무더기로 피었다가 지고, 여름 햇살 아래 푸른 똘기는 옹골차다. 머잖아 감나무는 빨갛게 빛나는 열매를 매달고 루미나리에를 연출할 것이다.

하동호에서 삼화실로 가는 구간 역시 감나무길이 많다. 감나무에는 줄기가 휘어지도록 똘기들이 주렁주렁 매달리고 길바닥도 낙과로 가득하다.

낙과는 감나무의 지혜

낙과는 열매가 지나치게 많이 열릴 때 감나무가 스스로 벌이는 현상이다. 적당한 열매를 남겨 제대로 키우기 위한 지혜다. 비워야 채워지고, 버려야 얻는다는 것을 감나무도 안다. 나무의 자각이 인간보다 나을 때도 있는가. 형제의 가을 꿈을 위해 스스로 떨어진 돌기를 차마 밟지 못하고 간다.

하동호에서 30여 분쯤 가다 보면 평촌마을에 닿는다. 청암면소재지로 청암치안센터와 우체국, 보건지소, 농협 등이 즐비하여 웬만한 읍내 분위기다. 하동읍으로 나가는 버스가 다니는 길목으로 교통이 편리하고 민박과 간단한 요기도 할 수 있다.

'청학동수퍼'라고 쓰인 길모퉁이 허름한 구멍가게에 들러 메론 맛이 상큼한 아이스바 하나를 입에 물었다. 냉장고 안에 진열된 캔 맥주에서 시선을 뗄 수 있을 만큼 아이스크림은 격하게 상큼하다. 아이스크림 하나에도 마냥 행복해지는 지리산둘레길이다.

평촌마을은 신라 마지막 임금인 경순왕의 영정이 봉안된 경천묘敬天廟가 있는 곳이기도 하다. 왕조의 끝자락을 정리했던 임금의 슬픈 눈길을 마주하고 싶었다.

경순왕을 알현하기 위해서는 둘레길에서 벗어나 청학동수퍼를 끼고 마을 안으로 들어가야 한다. 하지만 마을을 내려다보는 곳에 자리한 사당의 문은 굳게 잠겨 있고 담장 안으로 보이는 사당은 적막했다.

경천묘와 담 하나를 사이에 두고 금남사錦南祠가 이웃해 있다. 고려 말 경천묘를 세우고 경순왕의 영정을 모셨던 이색, 권근, 김충한 등의 위패를 모신 곳이다.

고려왕조의 마지막 신하들이 신라의 마지막 왕에게 제사를 지낸 마음은 무엇인가. 망해가는 왕조를 보며 역시 신라의 마지막을 정리해야 했던 경순왕의 회한을 역지사지로 헤아렸던 것은 아닐까. 사당에는 허망의 비애들이 늦여름의 햇살 아래 조용히 내려앉고 있다.

사당에는 허망의 비애만 가득

다시 청학동수퍼로 내려와 이온수로 갈증을 달래고 길을 나서지만 머릿

속이 복잡해진다. 시간은 오후 4시 반을 지나고 있다. 목적지인 삼화실까지는 7.5km를 남겨놓고 있다. 족히 3시간은 더 걸어야 한다. 중간에 하룻밤을 지샐 만한 민박집이 없어 출발한다면 삼화실까지 가야 한다. 해껏 안에 삼화실에 당도하기는 쉽지 않겠지만 평촌마을에서 몸을 풀기에는 너무 이른 시간이다.

기운은 방전된 상태지만 홀로 맞아야 할 긴 시간을 감당할 수 없어 결국 삼화실까지 가기로 결정했다.

평촌마을에서 찻길따라 걷던 길은 도로변의 화월버스정류장에서 해가 떠 있는 3시 방향으로 꺾어지고 이내 밭두렁길을 걷다 횡천강의 징검다리를 건넌다.

징검다리는 횡천강에 점 점 점 말줄임표로 놓여 있다. '삶은 말이 아니라 느낌'이라고 징검다리는 말하고 있는 듯하다. 한 아름의 다릿돌들 사이로 산그리메가 내려와 쉬어가는 샛강은 '길은 왜 걷는가'에 대한 답이기도 하다. 여울이 이는 다릿돌 주변엔 손가락만 한 피리들이 떼 지어 다니고, 저만큼서 왜가리는 오지 않는 피리 떼를 기다린다.

징검다리 건너 강변길이 다다른 곳에 화월마을이 모습을 드러낸다. 화월마을 당산에서는 동네 할아버지, 할머니들이 서늘맞이를 즐기고 있다. 당산나무는 아름드리 벚나무다. 제철에 꽃피고 질 때면 마치 봄날의 눈처럼 고울 듯싶다.

평야지대의 화월마을을 지나면 남은 길은 삼화실까지 대부분 오르막 포장 임도다. 느긋한 마음이 아니면 쉽지 않은 길이다. 마을을 내려다보고 있는 관점마을 경로당을 넘어 명사마을로 가는 길은 더욱 그렇다.

프랑스의 베르나르 올리비에는 1만2,000km에 이르는 실크로드를 오직 두 발로 걸었던 퇴직 언론인이다. 그는 『나는 걷는다』라는 책을 통해 "우리에게 중요한 것은 목표가 아니라 길이다."라고 했다. 올리비에의 수준이야 못되더라도 걷는 그 자체에서 자신을 찾을 수 있다면 어려운 길은 어떠하

청암면 소재지인 평촌마을 신라 마지막 왕이었던 경순왕의 영정이 봉안된 경천묘가 있다.

며, 쉬운 길은 또 어떠할까 싶다.

 길이 험하고 힘들수록 보고 느끼는 순간에 집중해야 한다. 그러다 보면 발길은 가벼워지고 비로소 길을 걷는 즐거움을 몸이 받아들인다. 멀리 있는 삼화실은 그만 잊기로 했다. 서둘러서 될 일이 아니다. 어차피 오늘 중에는 가게 될 테고 어두워지면 손전등을 켜면 될 일이다.

 길옆 명호천에서는 마을 어른들이 천렵을 즐기고, 녹슬은 양철대문집의 할머니는 손자·손녀에 둘러싸여 마당의 화덕에 불을 피우고 있다. 여름휴가를 내어 찾아온 아들 내외와 손주들을 위해 씨암탉이라도 안칠 모양이다.

 '2000년 환경보전 우수시범마을' 현판이 자랑스레 걸려 있는 명사마을

익살맞은 표정의 존티재 부부장승.

회관을 지나 길은 발 아래로 다랭이 논이 계단처럼 펼쳐진 하존티마을을 굽어보며 상존티마을로 들어선다. 상존티마을 길옆 비닐하우스엔 철 지난 취가 쑥대밭처럼 무성하고, 오르막 대숲길은 터널을 이뤄 어둠살이 내린다.

연지 바른 지하여장군

청암면에서 적량면으로 넘어가는 마지막 재빼기 존티재를 정점으로 솔가리 가득 쌓인 내리막길이 비로소 시작된다. 존티재에는 익살맞은 형태의 부부 장승이 돌무더기 위에 나란히 서서 여행객을 맞는다. 입술에 연지까지 바르고 혀를 길게 내민 지하여장군의 표정이 어린 조카를 놀리려는 이모처럼 짓궂다. 길섶의 때 이른 구절초가 까르르 웃는다.

존티재를 내려서면 어두운 터널을 지나온 듯 다시 밝은 빛을 만나고 해는 서산마루에 걸터앉아 갈 길 먼 여행객을 기다리고 있다. 손전등을 켜지 않아도 될 성싶다. 대신 해가 뉘엿뉘엿하자 산모기가 땀 냄새를 맡고 쉼 없이 달려든다.

감나무 과수원을 지나 삼화실 뒷길에 닿으니 드디어 삼화실에서 첫 번째로 만나게 되는 등촌마을회관이 모습을 드러낸다. 삼화실은 명천, 이정, 동촌, 하서, 중서, 도장골, 동점 등 7개 마을을 합하여 부르는 이름이다.

삼화실이라는 이름의 유래에는 네댓 가지의 이야기들이 전해 온다. 그 가운데서 가장 널리 알려진 이야기는 세 가지 꽃이 피는 골짜기라는 뜻이다. 즉, 이정마을의 배꽃, 중서마을의 매화, 도장골의 도화를 꼽아 삼화三花라고 부른다고 한다. 배꽃과 매화, 복숭아꽃이 어우러진 지리산 산골마을은 '복숭아꽃 살구꽃 아기진달래…'의 '나의 살던 고향'이다. '나의 살던 고향'은 아무래도 봄날에 와야 제격일 성싶다.

하동호에서 삼화실로 가는 구간은 삼화초등학교를 개조하여 만든 둘레길 삼화실안내소에서 마무리된다. 어둑해지는 기운을 타고 삼화실 안내소 뒷산 하늘에 구름발이 불머리처럼 피어올랐다. 놀란 새들이 날갯짓을 재촉하며 숲으로 스며든다.

민박집에 도착하니 날은 저물고 사전에 예약하지 않은 탓에 방은 동이 났다. 안채 한 칸을 빌릴 수 있는 것만 해도 다행이다.

저녁식사 대신 도토리묵에 막걸리 한 병을 시켰다. 생각해 보니 오늘은 온종일 혼자 걸은 것 같기도 하고 또 다른 나와 둘이서 걸은 것 같기도 하다. 행복한 것도 같고 외로웠던 것도 같다. 길은 내일 또한 그러하리라.

경천묘와 경순왕

후백제의 진훤이 경주를 공격하여 경애왕을 죽이고 새로 왕으로 앉힌 인물이 신라 마지막 임금 경순왕이다. 진훤이 왕건과의 마지막 싸움에서 패하자 경순왕은 왕건에게 항복하고 나라를 넘겨주었다. 신라는 이로써 건국한 지 56대왕 992년만에 망했다. 최후까지 싸움을 주장했던 태자는 금강산에 들어가 마의를 입고 풀뿌리와 나무껍질을 먹으며 일생을 마쳤다. 후세사람들이 그를 가리켜 '마의태자'라고 부른다.

경순왕은 고려로부터 실권 없는 벼슬 하나를 얻은 후 왕건의 장녀와 결혼하여 경주에서 여생을 보냈다. 전쟁으로부터 무고한 백성들의 희생을 막았던 경순왕의 경천애민의 뜻을 기린 사당이 경천묘다. 경천묘를 세운 사람은 고려말의 목은 이색과 양촌 권근, 수은 김충한이다. 고려가 멸망하고 조선이 들어서자 목은과 수은은 물러나 은둔하고, 양촌은 나아가 벼슬했다.

경순왕의 영정이 봉안된 경천묘.

길 안내

하동호–평촌마을(2.4km)–하월마을(0.8km)–관점마을(1.0km)–상존티마을(2.6km)–존티재(1.2km)–삼화실(동촌마을. 1km)–삼화초등학교(0.3km)까지 9.3km에 달하는 구간이다. 4시간 정도 소요된다. 강변길과 마을안길, 논길, 임도, 숲길 등을 골고루 걸을 수 있다.

들머리는 하동시외버스터미널(055-883-2663)에서 청학동행 버스를 이용, 하동호에서 내리면 된다. 소요 시간은 20여 분이나 배차 시간이 두 시간 가량인 데다가 그마저 많지 않다.

승용차로 광주에서 하동시외버스터미널까지는 2시간쯤 소요된다. 하동시외버스터미널 근방에 주차한 뒤 버스로 갈아타는 것이 원점회귀를 가정했을 때 가장 좋은 방법이다. 대신 사전에 하동시외버스터미널에 버스시간을 확인하고 여행계획을 잡는 것이 효율적이다.

평촌마을을 지나면 구간 중간에는 민박이나 가게가 없고 목적지인 삼화실에서 민박이 가능하다.

해거름 무렵의 삼화초등학교 뒷산 하늘에 피어오른 구름발이 불머리를 닮았다.

12구간 **삼화실-대축**

지리산에 비가 오면
별들도 마을로 내려온다

아침부터 내린 비는 지짐거렸다. 작달비는 아니지만 금세 옷이 젖을 만큼 내렸다가는 이내 그치고, 개었다가는 다시 보슬비로 내렸다. 비 맞은 앞산 머리가 운무로 그윽하다. 종일토록 흐린 날이 될 것이라는 징후다.

길 가는데 어찌 맑은 날만 바라랴. 차의 시동을 걸었다. 다행히도 곡성휴게소를 지나면서 차창의 와이퍼를 꺼도 됐다.

하동시외버스터미널에서 12시 정각에 출발한 군내버스는 20여 분간을 달려 삼화보건진료소 건너편 동촌마을 정류장에 닿았다.

삼화교회와 지난번 여행 때 하룻밤 묵었던 이정마을의 '산도리 민박'을 지나 길은 시작된다. 시월의 첫날, 날은 흐리고 습도는 높아 후덥지근하지만 노랗게 물든 들녘의 나락은 실하게 익어가고 있다.

이정마을에는 수령 150년의 느티나무 두 그루가 마을을 지키고 서 있다. 느티나무는 여느 마을의 당산나무에 얽힌 무속신앙과는 다른 이야기가 전해온다.

권세 높은 지주가 마을 공동의 땅을 홀로 차지하려 하자 주민 한 사람이 궁리 끝에 숲을 조성, 사유화를 막았다는 이야기다. 지주의 탐욕에 맞섰던 나무들은 70년대 새마을운동 당시 마을회관의 대들보가 되거나 죽고 지금

우계저수지 둑방에서 되돌아본 서당마을과 서당마을 앞 들녘 황금빛으로 물든 들녘의 나락은 실하게 익어가고 방금 지나온 길은 벌써 아득한 추억이 된다.

평사리 들녘을 병풍처럼 둘러싼 지리산 능선이 머리에 운무를 쓰고 비 개인 산골마을로 내려오고 있다.

수확한 밤을 지고 산길을 내려오는 할아버지의 지게에도, 앞주머니에도 삶의 무게가 고스란히 얹혀 있다.

의 느티나무 두 그루만 남아 있다. 느티나무가 전설의 고개를 넘어가고 있는 중이다.

    길은 '이정2교'를 건너 콘크리트 임도를 타고 '버디재'로 향한다. 다리를 건너면 조그마한 동산 하나가 버디재 관문처럼 객을 맞는다. 모양새가 사발 가득 올려진 감투밥을 닮았다 해서 주민들이 '밥봉'이라고 부르는 봉우리다. 밥이 권력이고 밥이 목숨줄이었던 시절, 굶주린 배는 산도 밥으로 보였으리라.

    버디재는 이정마을에서 우계리로 넘어가는 야트막한 고개다. 골퍼들의 귀가 솔깃해질 '버디재'는 예전에 이곳에 버드나무가 많았다는 데서 유래한다. 지금은 버드나무 대신 고로쇠나무가 숲을 채우고 있다.

밥봉과 버디재 가는 길

고개로 가는 길은 감나무와 밤나무의 과수원을 지난다. 길가 대봉은 낮술에 취한 듯 볼그레하고, 밤송이 속의 아람은 누렁이 암소의 선한 눈망울을 닮았다. 꽃은 감꽃이 밤꽃보다 먼저 피는데 열매는 밤톨이 먼저 떨어진다. 피고 지는 가치가 인간사와 같겠는가마는 자연도 때로는 공평을 외면하는가 싶다.

여름꽃이 진자리, 길옆 도랑엔 물봉선화가 흐드러지고 쑥부쟁이도 하얀 미소로 반긴다.

버디재는 높지 않고 가파르지 않은 데다 숲이 짙어 서늘하고 호젓하다. 돌계단길에 뒹구는 날짐승의 깃털 하나를 주워 도가머리인 양 모자에 꽂는데 숲 저만큼서 '삐이이익~' 휘파람새가 웃는다.

버디재를 내려서면 길은 솔가리 가득한 자드락길로 구불구불 S자로 이어지다 다시 임도를 타고 서당마을로 향한다.

서당마을에 내려서기 직전, 내리막길이 시작되는 곳에 물레방아집이 자리하고 있다. 자전거 바퀴살로 물레방아를 만들고, 진돗개 형상의 나무조각까지 세워 놓은 물레방아 집은 웬만한 설치 작품 이상이다. 자칭 '손재주 좋은' 박한수 할아버지(76)가 지나는 길손을 위해 만든 작품이다. 할아버지는 여행객이 집 안으로 들어오지 않고도 식수를 받을 수 있도록 한데우물을 만들고 화장실을 밖으로 냈다.

벽에는 할아버지가 직접 지은 시 한 수가 페인트 글씨로 적혀 있다. '물 레야 너는 한 자리에서 계속 돌고 있구나. 나는(우리는) 먼 길을 돌고 간다. 머나먼 둘레길~~'

할아버지의 짧은 시에서 먼 길을 돌아온 늘그막 인생의 관조가 배어난다. '물레'이면 또 어떤가. 맞춤법이야 어긋난들 어쩌랴 싶다.

"지난해 겨울, 이곳을 지날 때 길 난간에 홍시들이 얹혀 있었다."고 기억을 꺼냈다. "여행객들이 지나는 길에 먹으라고 내가 올려놓은 것이제!" 할아버지의 답이다.

할아버지의 삶은 아둔한 길손에게 주는 또 하나의 깨달음이다. 뒤돌아보는데 손바닥을 보이며 한 손을 흔드는 할아버지가 여전히 그곳에 서 있었다. 키보다 큰 청려장을 짚고 기다란 수염과 하얀 도포 자락을 휘날리며 손짓하는 듯했다. 서당마을로 내려오는 길에 맞은바라기의 남해 뒷산이 아득하다.

할아버지의 설치예술

민박집을 겸하는 서당마을 회관에서 둘레길은 두 갈래로 나뉜다. 내려오던 길에서 녹색 화살표를 따라 곧바로 가는 길은 '서당-하동읍' 구간으로 지리산둘레길 지선이다. 서당마을에서 하동읍까지는 7.3km, 대축까지는 13.4km에 달한다. 다음 구간인 대축마을로 가는 길은 오른쪽으로 차도를 따라 걷는다.

차도를 타고 10여 분쯤 오르던 길은 우계저수지 둑방길로 이어진다. 저수지는 산에서 내려오는 물들이 모여 거울처럼 맑은 하늘을 비추고, 왼쪽으로는 지나왔던 서당마을과 마을 앞 들녘에서 가을이 황금빛으로 익어가고 있다.

길은 괴목마을을 지나 차도와 합류한 뒤 신촌마을에 닿는다. 마당 같은 신촌마을 회관 앞길에 서면 가야 할 치받이길은 된비알로 일어서고 운무가 걸려 끝을 가늠할 수 없는 산자락은 까마득하다. 칠성봉에서 뻗어 내려와 분지봉과 구재봉으로 이어지는 능선마루를 넘는 길이다.

등줄기를 타고 내리던 뜨거운 땀줄기가 바짓가랑이를 타고 서늘하게 흐른다. 비와 땀이 혼재한다.

숲은 무겁고 적막하다. 깊은 숲에서는 여행자도 한 마리의 작은 숨 탄

서당마을 뒷골 박한수 할아버지의 물레방아집.

 것일 뿐이다. 그 숲이 여행자를 품는다. 숲은 작은 한숨 하나도 외면하지 않고 말없이 받아들인다. 말없는 위로가 좋다.

　산에 안겨, 산의 위로를 받으며 1시간쯤 걸어 비로소 고개마루에 올라선다. 신촌재다. 이정목에는 대축까지 7.8km라고 쓰여 있다. 20리 길이다. 시간은 오후 세시 반을 지나고 있다. 해찰부리지 않는다면 해껏에는 대축마을에 닿을 것이다.

　길은 1시간쯤 더 가다 매실농사로 유명한 먹점마을을 지나 '삼화실-대축' 구간의 마지막 고개인 '먹점재'에 닿는다. 직진방향의 대축까지는 4.8km. 오른쪽은 패러글라이더와 행글라이더의 활공장으로 가는 길이다.

　먹점재를 넘어 30여 분쯤 더 가면 멀리 발아래로 생각지도 못했던 풍경 하나가 불쑥 발길을 세운다. 섬진강이다. 모래가 많아 다사강多沙江, 또는 사강沙江이라고도 불렀던 섬진강의 모래톱이 하얀 맨살을 드러낸 채 잔비에

먹점마을에서 대축마을로 가는 길에 불쑥 모습을 드러낸 섬진강 강은 지리산 자락을 휘돌아 구례와 악양을 적시고 평사리공원의 모래톱은 하얀 맨살을 드러낸 채 잔비에 젖고 있다.

젖고 있다. 구례 다압면과 하동 악양면을 지나는 곳으로 모래톱은 평사리 공원이다.

신선이 사는 72폭의 병풍

길은 섬진강 풍경을 뒤로하고 가던 길에서 벗어나 오른쪽 비탈길로 가파르게 오른다. 오르는 길에 밤톨만 한 똘배 하나를 주웠다.

주목받지 못한 삶의 회한일까. 똘배는 입안에서 오랫동안 서걱이며 쉽게 몸을 풀지 않았다. 두세 개를 더 주워 호주머니에 넣었다. 오늘 밤, 민박집에서 막걸리 안주가 되어 전하는 그의 가을 이야기를 듣고 싶었다. 그에게도 지난 여름의 햇발은 힘들었을 테다.

비에 젖은 가을 산은 오후 5시를 넘어서면서부터 사위에 해거름의 어둑발이 깔린다. 일모도원日暮途遠이라 했던가. 포장 임도를 타고 서둘러 오르는데 그만 길이 끝나고 만다. 길을 잘못 든 것이다. 임도를 따라 관성으로 걷다 숲길로 접어드는 표시를 미처 보지 못했다.

그래도 길을 잃은 덕에 똘배를 만났으니 탓할 일만은 아니다. 가던 길을 되돌아와 들어선 숲길은 아름드리 소나무들이 열병하듯 늘어서고, 솔가리 수북이 깔린 길은 발의 피로마저 잊게 한다. 아미산의 허리를 둘러 대축마을로 가는 아미산길이다. 홀로 걷는 숲길에서 아람 벌어진 밤나무가 헛기침하듯 가끔씩 열매를 떨궈 적막을 깨뜨린다.

숲길이 끝나는 지점에서는 또 한 번의 풍경이 눈길을 붙잡는다. 대축마을 너머로 박경리의 대하소설 『토지』의 무대가 되었던 평사리 황금 들녘과, 들녘 너머로 운무에 쌓인 지리산 능선이 한눈에 들어온다. 능선은 병풍으로 치면 72폭은 족히 될 성싶은데, 펼쳐진 능선의 운무 속으로 들어서면 금방이라도 신선이 될 것만 같다.

길은 대축마을 뒤에 자리한 문암송文岩松을 알현하듯 지난다. 바위에 뿌리를 내리고 600년의 풍상을 겪어 온 노송에는 범접키 힘든 위엄이 서렸다.

빗발은 조금씩 굵어지고 길은 마침내 대봉이 주렁주렁한 과수원길을 지나 마을회관에 닿는다. 어둑발이 깔린 능선을 따라 하늘이 산으로 내려오고 건너편 평사리에 하나둘 불이 켜지고 있다. 지리산에 비가 오면 별들도 마을로 내려온다.

대축마을과 문암송

대축마을은 대봉감의 시배지로 전해진다. 씨알이 크고 맛이 좋아 옛날부터 임금께 올리는 진상품이었다. 지금도 대부분 곶감을 자연 건조한다. 매년 11월 초에는 대봉축제가 열린다.

대축마을 뒤에는 수령 600년으로 추정되는 문암송이 바위 위에 자리하고 있다. 천연기념물이다. 이름에 문文자가 들어간 것은 시인묵객들이 즐겨 찾는 데서 기인한다. 마치 소나무가 바위에 걸터앉아 대축마을과 마을 앞 악양 들녘을 내려다보고 있는 형상이다. 위풍당당한 기개가 남다르다. 지금도 매년 백중날이면 마을 주민들이 '문암대제'를 올리며 마을의 평안을 기원한다.

천연기념물인 대축마을의 문암송.

길 안내

삼화실(삼화보건진료소)–이정마을(0.8km)–버디재(0.9km)–서당마을(1.8km)–우계저수지(0.6km)–괴목마을(1.2km)–신촌마을(1.6km)–신촌재(2.8km)–먹점마을(1.7km)–먹점재(1.1km)–미점마을(1.7km)–구재봉 갈림길(0.9km)–대축마을(1.8km)까지 16.9km에 달하는 구간이다. 고개를 많이 넘어야 하고 콘크리트 포장도로를 주로 걷는 등 난이도가 높아 넉넉 잡아 7시간 정도 예상해야 한다. 밤나무와 감나무 길의 연속이다.

목적지인 대축마을에 닿기 전 섬진강과 평사리 들녘, 지리산 능선, 문암송 등은 이 구간의 백미이다.

들머리는 하동시외버스터미널(055-883-2663)에서 삼화실행 버스를 이용, 동촌마을에서 내리면 된다. 소요 시간은 20여 분이나 오전 오후 각 2차례씩만 운행한다. 승용차로 광주에서 하동시외버스터미널까지는 2시간쯤 소요된다.

중간 지점인 서당마을과 목적지인 대축마을에서 민박이 가능하다. 서당마을을 지나면 도중에 가게가 없다. 충분한 식수와 점심 지참은 필수다.

서당마을 위에 자리한 우계저수지 앞산을 넘어서면 대축마을이 나온다.

13구간 대축-원부춘

운무는 오를수록 짙어가고
길손은 갈수록 서투른 술래

노랗게 물든 평사리 들녘이 비이슬을 머금은 채 기지개를 켜고, 마을로 내려왔던 산안개는 주섬주섬 옷가지를 챙기고 있다. 대축마을 '들꽃 민박' 집에서 하룻밤을 묵은 뒤 출발한 길이다.

지리산 산간마을엔 밤새 비가 내렸다. 비는 유리창을 두드려 일잠에 든 길손을 깨우고, 산안개는 마을앞 개울에서 뒤척였다. 다행히 새벽녘부터 비는 갰다.

길은 민박집 건너 '축지교'를 지나면서 시작된다. 축지교 아래로는 시루봉에서 발원한 '악양천'이 흐른다. 샛강의 흐르는 물은 섬진강에 닿기 직전 긴 호흡을 고른다.

길은 두 갈래로 나뉜다. 백운산을 맞은바라기 삼아 평사리 들녘과 '최참판댁' 앞을 경유하는 길과, 지리산 능선을 바라보며 강둑을 타고 입석마을로 곧바로 이어지는 길이다. 길은 다시는 만나지 않을 듯 앵돌아서 제 갈 길로 가지만 입석마을에서 재회한 뒤 형제봉을 넘는다.

평사리 들녘을 거쳐 입석마을로 가는 길은 10리길이다. 강둑길을 이용하여 입석마을로 가는 길에 비해 두 배 가량 멀다. 지난해 강둑길을 타고 입석마을을 거쳐 형제봉을 넘었던 만큼 이번엔 소설 『토지』의 배경이 되었

대축마을 앞 축지교에서 평사리 들녘을 향해 가는 길에 맞은바라기로 보이는 백운산 자락의 운무가 이른 아침 떠날 채비를 서두르고 있다.

던 평사리 들녘으로 가는 길을 택했다.

　가는 길에 소설 속 최치수를 만나거들랑 "그토록 외롭고 깐깐하게 지키고자 했던 가치는 무엇이더냐."고 물어볼 터다. 최참판의 허망한 가치와는 달리 평사리 들녘은 변함없는 생명의 가치로 가득 채워지고 있다.

　평사리 들녘은 물이 넘나든다는 뜻의 '무딤이들'이라고도 부른다. 끝없이 펼쳐진 가을 들녘은 절정에 이른 황금빛으로 물들어 풍요롭고 또 장엄하다.

　지리산 남부능선과 백운산이 강강술래 하듯 둘러싸고 있는 평사리 들녘은 섬진강 500리 물길이 부려놓은 가장 너른 들이기도 하다. 83만평이라고 하는 수치는 평사리 들녘의 창망함을 드러내는 데 별 도움이 되지 못한다.

　한강 둔치를 제외한 여의도 면적이 87만 평에 달한다고 하니 대략 여의

도 정도의 면적이다.

풍요롭고 장엄한 평사리 들녘

축지교에서 강둑길을 타고 섬진강과 백운산 방향으로 가던 길은 곧바로 평사리 들녘의 논길로 들어선 뒤 동정호에 닿는다. 실하게 익은 벼들이 고개를 숙인 채 추수의 날을 기다리고 있다. 올해는 나락이 익어가는 동안 태풍이 비껴가고 일조량이 풍부해 여느 해 못지않은 대풍大豊이다.

하지만 '풍년'의 단어는 넉넉함의 상징에서 내려선 지 오래다. '과잉생산'이라는 천덕꾸러기로 변해 '농민의 시름'과 동의어가 되어가고 있다.

풍년의 아픔에 고향의 노모가 떠오르지만 그래도 흉년보다야 더 하겠는가 싶다. 하늘에 감사하고 땅에 감사하고 농부의 땀방울에 감사할 일이다.

평사리 무딤이들녘과 부부송.

감사함을 아는 이들이 들녘에 허수아비로 섰다. 허수아비들은 마을 사람들을 대신하여 들녘으로 나와 풍년의 축제를 벌이고 있다. 무리 속의 떠꺼머리 허수아비 총각과 연지·곤지 찍어 바른 허수아비 꽃두레가 상글방글 웃음을 주고받는다. 기념촬영을 하던 관광객들의 얼굴에도 웃음꽃이 핀다. 여민 마음으로 시간이 주는 축복을 본다.

들녘 한가운데에는 키 작은 잡목 숲이 섬처럼 자리한 곳에 소나무 두 그루가 사이좋게 우뚝 서 있다. 사진작가들의 단골 모델인 '부부송'이다. 노란 들녘과 푸른 소나무의 조화가 한 폭의 그림처럼 다가온다.

허수아비들이 모꼬지판을 벌이는 논길을 따라 걷다 보면 길은 평사리 들녘의 끄트머리에서 동정호와 만난다. 동정호는 자연 습지를 복원한 생태공원의 호수다. 부부송과 함께 평사리 들녘의 가치를 높이는 소중한 자산이다. 지명인 '악양'이나 '동정호'는 중국 악양의 소상팔경과 닮았다고 해서 붙은 이름이다.

소설이 현실이 된 최참판댁

길은 지방도가 지나는 '최참판댁 정류장'으로 이어져 차도를 타고 입석 마을로 향한다. 길 건너편은 정류장 이름의 '최참판댁'으로 가는 어귀다.

소설이 현실이 된 최참판댁은 이른 시간인데도 꽤나 많은 관광객들의 발길이 이어지고 있다. 관광객들의 발길에 맞춰 옷 가게며 기념품 가게들이 문을 열기 시작하고, 약초며 산나물을 돈거리로 파는 노점상의 손길도 바빠진다.

양파를 담는 빨간 그물망에 수확한 밤을 담아 길가에 쌓아놓고 팔던 할머니 한 분이 맛보고 가라며 생밤을 깎아 내민다. 갈 길이 멀어 배낭의 짐을 줄여야 하지만 할머니의 손등에 보굿처럼 새겨진 세월의 주름을 외면할 수 없었다. 1만 원을 주고 2포대를 샀다. 할머니가 가진 삶의 무게가 내 등으로 옮겨왔다.

최참판댁 '박경리문학관' 앞의 박경리 선생 동상 소설이 현실이 된 최참판댁에는 아침부터 관광객의 발길이 이어졌다.

내가 말했다. "햇밤이 참 실하고 맛있네요." 할머니가 답했다. "아흔이 다 됐어. 죽을 때 지났지 뭐…" 내가 다시 물었다. "할머니께서 농사지은 거예요?" 할머니가 대꾸했다. "이거 팔아서 약값 해!" 귀가 먼 할머니와 나는 동문서답으로 소통했다. 할머니가 웃고 내가 따라 웃었다.

'최참판댁'과 '박경리문학관' 등을 둘러본 뒤 내려오는 길에 방금 문을 연 커피숍이 있어 잠시 쉬어가기로 했다. 길에서는 따뜻한 커피 한 잔도 큰 호사다. 커피숍 2층 발코니에 앉으니 지나왔던 평사리 들녘이 한눈에 들어온다. 대축마을이 보이고 노란 들녘 가운데에 자리한 부부송 너머로 멀리 섬진강도 자태를 드러낸다.

최참판댁에서 시간 남짓 보낸 뒤 갔던 길을 되돌아 나오는데 박경리 문학관이 계속 발길을 따라왔나 보다. 문학관에 전시됐던 낡은 만년필과 닳아진 우리말 사전, 몇 번씩이나 고쳐 쓴 흔적이 그대로 남아 있는 『토지』 친

대축마을 앞 둘레길 이정목 오른쪽 길은 입석마을로 이어지고 왼쪽 길은 평사리 들녘을 지나 최참 판댁으로 이어진다.

필원고 등의 잔영이 그림자처럼 뒤따른다. 한 번 더 『토지』에 들어가 서희와 길상이도 만나고 용정의 월선이네 국밥집에도 들러 사는 이야기를 듣고 싶다. 어쩌면 그들도 나처럼 늙어가고 있을지도 모를 일이다.

홍시의 꿈으로 깊어가는 가을

지리산둘레길이 이어지는 '최참판댁' 정류장에 다시 서니 시간은 오전 10시 30분을 지나고 있다. 찻길을 따라 10여 분쯤 걸어 길은 대촌마을의 악양농협 앞에서 마을 깊숙이 들어선다. 길가의 코스모스가 행사장에 동원된 군중처럼 무심히 손을 흔들고 있다.

삼화실에서 대축으로 이어지는 길이 밤나무 길의 연속이라면 대축에서 원부춘 구간은 감나무 길의 연속이다. 길에는 설익은 채 떨어진 감들이 마지막 혼신의 힘으로 붉게 타오르고 있다. 더러는 선홍빛 속살을 드러낸 채 부서진 몸으로 가을 햇살을 받고 있다. 땅에 떨어져서도 홍시의 꿈을 이루고자 하는 낙과의 열망으로 가을이 깊어간다.

곱게 차려입은 허수아비들이 나락이 익어가는 들녘을 보며 축제를 벌이고 있다. 무리 속의 총각·처녀 허수아비는 상글방글 웃음을 교환한다.

길은 '최참판댁' 정류장에서 출발한 지 1시간쯤 걸려 입석마을을 지나 형제봉으로 향한다. 입석마을은 신석기 시대의 선돌立石이 남아 있어 붙여진 이름이다.

가풀막진 산길엔 간밤의 비로 단풍이 되지 못한 채 떨어진 푸른 잎들이 뒹굴고, 늙은 서어나무는 군락을 이뤄 앞서거니 뒤서거니 호위병처럼 따른다. 서어나무의 굵은 뿌리는 맹수의 발톱처럼 대지를 파고들고 있다.

잠포록한 숲길은 희뿌연 운무로 그윽하고 제한된 시야를 파고드는 근접한 사물은 포근하다. 경계를 넘듯 어느 순간부터 운무는 확연히 짙어지고, 키 큰 나무들이 숨바꼭질하는 숲에서 길손은 서투른 술래가 된다. 운무 속에서 이방인 같은 낯선 바람이 소의 혓바닥처럼 목덜미를 핥고 지난다. 형제봉 마루에 다가서고 있음이라.

별당아씨가 숨어든 길

입석마을에서 시간 반쯤 걸려 형제봉 마루의 갈림길에 올라섰다. 등 뒤에서 불어오는 재넘이 바람이 서늘하다. 원부춘까지 3.7km를 남겨 놓고 있다. 오른쪽은 형제봉 정상으로 가는 등산로이고, 왼쪽은 고소산성으로 가는 길이다. 둘레길은 직진하다 오른쪽으로 형제봉의 북서면 능선을 휘감아 돈다.

산비탈에는 집채만 한 바위들이 다시 달릴 날을 기다리고, 길 왼쪽은 곧바로 벼랑으로 이어지는 돌너덜길이다. 길섶의 조릿대는 허리까지 차오른다.

『토지』의 최참판댁 별당 아씨가 구천이와 함께 지리산으로 숨어들다 이 길 어디쯤, 바위 턱에 앉아 가쁜 숨을 내쉬었지 않았을까 싶다.

능선길은 1km쯤 가다 원부춘마을을 향해 내리막길로 이어진다. 상수리나무로 수종이 바뀐 숲길은 너덜겅으로 이어졌다 끊이고, 다시 이어지기를 반복하다 계곡 하나 만나 동행한다. 숲 그늘 사이로 비추는 피자 한 조각만 한 햇볕이 반갑다.

계곡을 내려오는 물소리가 점차 커져 갈 때쯤 대축마을 민박집에서 함께 묵었던 일행을 만났다. 아침에 민박집에서 함께 출발한 뒤 최참판댁에서 헤어졌던 길이다. 서울 어느 소방서의 공무원이라는 아버지가 아내와 아들·딸을 데리고 나선 2박 3일의 가족 여행이라고 했다.

내려오는 길에 '서울 공무원'이 우거진 숲에서 으름을 발견했다. 아람 벌어진 으름은 누에 성충 같은 뽀얀 열매를 수줍게 내보이고 있다. '광주 여행객'의 입안은 까만 씨까지 씹어 먹은 탓인지 원부춘마을에 닿을 때까지 떨떠름함으로 가득했다.

원부춘 마을회관에 도착하니 시간은 오후 2시 반을 향해 달리고 있다. 아침 8시 반께 출발한 길이다.

"할머니, 하동읍으로 가는 버스는 몇 시쯤에 있나요?" 3시 반에 하동행 버스가 이곳을 경유한다고 한다. 1시간을 기다리기가 무료하여 10리길을 내려와 신기정류장에서 하동행 버스에 올랐다. 내가 탄 버스는 다시 원부춘 마을을 들러 할아버지 한 분을 내린 뒤 하동으로 갔다.

길 안내

평사리 동정호 경유 대축-평사리 동정호(1.7km)-대촌마을 악양농협(1.0km)-입석마을(1.9km)-서어나무숲(2.0km)-형제봉갈림길(1.2km)-묵답(2.3km)-원부춘마을회관(1.1km)까지 11.2km. 6시간가량 소요된다. 최참판댁을 둘러보는 시간은 별개다.

악양천 둑길을 이용하여 직행할 경우에는 대축마을에서 입석마을까지 2.2km 이어진 뒤 원부춘으로 향한다. 1시간 가량 단축된다.

입석마을에서 형제봉을 넘는 길은 둘레길이라기보다는 험준한 지리산 고개를 넘는 등산로에 가깝다. 지리산둘레길 가운데 성심원에서 운리로 가는 구간의 웅석봉 다음으로 난이도가 높은 구간으로 꼽힌다. 하지만 악양들녘과 지리산 남부능선이 주는 정취는 단연 으뜸으로 높은 난이도가 주는 수고로움을 보상하고도 남는다.

입석마을과 '최참판댁'에서는 민박이나 한옥체험이 가능하지만 입석마을을 지나면 목적지에 닿을 때까지 일체의 휴게시설이나 숙소가 없다.

들머리는 하동시외버스터미널(055-883-2663)에서 악양행 버스를 이용, 대축마을에서 내리면 된다. 아침 7시 40분차를 시작으로 저녁 8시 30분까지 매시 한 대씩 운행되며 소요 시간은 20여 분이다. 원부춘에서 하동터미널로 가는 버스는 오후 3시 30분에 하루 한 번 운행한다. 택시를 불러 원부춘 마을 초입의 신기정류장이나, 화개터미널로 간 뒤 하동행 버스로 갈아타야 한다.

마을 사람들을 대신하여 허수아비들이 풍년을 노래하며 하늘과 땅에 감사하는 축제를 벌이고 있다.

14구간 원부춘-가탄

산이 벽처럼 다가와도
화개에서는 꽃이 핀다

　상강을 하루 앞둔 시월 하순은 더위의 끝자락을 차마 놓지 못하고 있었다. 숲은 절기와 상관없이 이제야 신들메를 고쳐 매고 있다. 길섶의 모과나무만이 노랗게 익은 열매를 단풍처럼 매달거나 땅에 떨궈 온몸으로 가을을 맞고 있다.
　계절은 어느 순간 산하를 가을로 채우고 훌쩍 떠날 테지만, 시간은 여름과 가을이 함께하고 있다. 더 머무르고자 하는 여름의 미련을 외면하지 못하는 가을이 바보 같다.
　화개장터를 둘러본 뒤 택시를 이용, 원부춘 마을회관 앞에서 시작한 길이다. 장터에는 가수 조영남의「화개장터」노래처럼 '있어야 할 건' 다 있다. 관광지를 겸한 상설시장으로 지리산에서 나는 각종 버섯이며 약초 등이 풍성하다. 비록 수족관 속이지만 은어는 날렵한 몸매로 눈부신 유영을 자랑하고, 재첩국집 식탁은 아침부터 불콰함으로 채워진다.
　먹거리가 풍성한 만큼, 가족끼리 나들이 삼아 나설 만하다. 지척에 있는 평사리 최참판댁과 함께한다면 하룻길의 여행으로 부족함이 없을 성싶다.
　원부춘-가탄 구간의 들머리인 원부춘 마을회관 앞에 서면 형제봉에서 뻗어 내려온 능선과 정면으로 맞닥뜨린다. 길옆으로 흐르는 계곡은 깊고,

'하늘호수' 쉼터에서 바라본 황장산과 바람에 나부끼는 '룽타' 영화관의 일등석에 앉아 서정으로 가득한 한 편의 영화를 보는 듯하다.

정금마을의 차 밭 아래로 섬진강이 쉬어가고 멀리 화개와 구례를 잇는 남도대교가 아스라하다. 여행길에서는 목적지가 보이면 새로운 힘을 얻는다.

마주하는 능선은 부드럽지만 까마득히 높다. 더구나 차밭으로 일어서는 시멘트포장 도로는 몸을 풀만한 겨를마저 주지 않는다.

  길을 가다 보면 삶이 그러하듯 산이 벽처럼 다가올 때가 있다. 원부춘마을에서의 들머리가 바로 그런 벽 앞에 선 기분이다.

> 저것은 벽/어쩔 수 없는 벽이라고 우리가 느낄 때/담쟁이는 말없이 그 벽을 오른다/물 한 방울 없고 씨앗 한 톨 살아남을 수 없는/저것은 절망의 벽이라고 말할 때/담쟁이는 서두르지 않고 앞으로 나아간다./…/
>
>   - 도종환의 시 「담쟁이」 중에서

벽을 오르는 담쟁이처럼

시는 벽 같은 산을 앞에 두고 스스로에게 거는 주문이자 최면이다. 산길이나 삶길이나 감당할 수 없어 포기하고 싶을 때가 있다. 하지만 감당할 수 없어 포기하는 것이 아니라 포기하기에 감당할 수 없는 것이리라.

말없이 서두르지 않고 가다 보면 하나 더 보게 되고, 하나 더 듣게 되는 담쟁이 발길도 나쁘진 않다. 나쁜 산길은 없다. 쉽거나 힘들 뿐이다. 힘든 길일수록 맥박은 요동치고 이겨낸 기억은 풍요롭다.

오르막 포장 임도는 지통골과 수정사 입구를 거쳐 형제봉 쉼터에 이르기까지 10리길에 달한다. 담쟁이처럼 가는 길에 땅에 떨어진 모과 열매를 주어 가을 내음을 맡고, 길섶의 들국화 꽃잎에서 가을의 또 다른 체취를 맡는다. 산은 아직 물들지 않았지만 길손의 허파는 가을 향기로 가득 찬다.

지리산둘레길을 걸으며 길손은 자연스레 숲이 주는 향기에 취하는 버릇이 생겼다. 산초나 잰피나무의 열매를 비벼 으깬 뒤, 손에 배인 향기를 맡는 일은 이제 길 가는 즐거움의 하나가 됐다.

봄날엔 생강나무와 진달래의 꽃잎을 따서 혀끝에 올리고, 여름철엔 찔레꽃과 칡꽃의 아찔한 향기에 취하곤 했다. 햇살의 차이일런가. 봄꽃에서는 배냇내 같은 비릿함이 섞이고, 여름꽃에서는 성숙한 여인의 체취가 난다.

꽃들은 저마다 자기 빛깔과 향기로 피고 지는데 나는 어떤 향기로 꽃들의 가슴을 채울 수 있을 텐가. 내 안의 향기를 의심하며 걷는 길에 보랏빛 꽃향유가 지천으로 피어나고 있다.

흘러내리는 땀을 훔쳐가며 두어 시간 가까이 힘겹게 오르다 보면 길은 형제봉활공장과 상훈사 방향으로 나뉘는 3거리를 지나 곧바로 형제봉쉼터에 닿는다. 들머리에서부터 시작된 오르막 포장 임도가 끝나고 비로소 숲길이 시작되는 지점이다. 시야가 트이면서 건너편의 지리산 능선이 내게 아는 체를 한다.

보랏빛 꽃향유가 지천으로

쉼터의 나무 의자에 앉아 화개장터에서 사온 쑥떡과 올벼쌀로 점심을 대신 한 뒤, 임도를 버리고 왼쪽 숲길로 들어서는데 가을 까마귀 울음이 빈 산을 울린다.

길은 조릿대가 가슴팍까지 차오르고 숲은 상수리나무가 차지하고 있다. 상수리나무는 잎을 내려 보내 조릿대를 키우고, 대나무는 상수리나무의 경쟁자들을 쫓아내며 담합하여 생태계를 지배하고 있다.

이어지는 내리막 숲길은 깊고 가파르다. 급한 내리받이 경사는 게걸음을 강요한다. 오른쪽 게걸음으로 서너 걸음 떼다 다시 왼쪽 게걸음으로 바꿔가며 내려가는 길이다. 길과 나는 화해하지 못한 채 좌우로 토라져 간다.

가파른 내리막길은 1시간쯤 지나 '하늘호수 차밭' 휴게소를 만나 숨을 고른다. 중촌마을의 윗턱에 자리한 '하늘호수 차밭'은 간단한 주류와 식사를 해결할 수 있는 쉼터다. 첩첩산중답게 나무로 지붕을 얹고, 나무를 깎아 살림살이를 만들고, 나무를 이용하여 손님이 앉을 의자와 식탁도 만들었다. 서울에서 살다 이곳에서 터를 잡은 지 23년째라는 주인장 내외의 수더분한 미소도 나무를 닮았다.

막걸리 한 병과 안주로 도토리묵을 시켜 놓고 있는데 주인장이 마른 수건과 함께 세숫대야에 발숫물을 담아왔다. 발숫물의 배려는 생각지도 못한 유쾌한 기습이다. 손사래를 치다 주인장의 권유에 못 이겨 대야에 발을 담궜다. 서늘한 청량감에 꼬물거리던 발가락들이 물장구를 치고 토라졌던 두 발이 웃으며 화해를 청한다.

적당히 뒤로 기울어진 나무 의자에 앉는 듯 눕는 듯 등을 기대면 반야봉의 끝머리 주봉인 황장산의 듬직한 자태가 눈앞에 펼쳐지고, 처마 밑에 매달린 청·황·백·녹·적의 오색 룽타[風馬]에는 영혼의 숨결처럼 한 줄기 바람이 쉬어간다. 마치 극장의 일등석에 앉아 서정 가득한 한 편의 영화를 보는 듯하다.

전라도 사람, 경상도 사람 모여들어 '있어야 할 것'은 다 있는 화개장터.

휴게소 '하늘호수'는 원부춘-가탄 구간의 한가운데 지점에 해당한다. 원부춘에서 출발하여 6.6km를 지났고 목적지 가탄마을까지 6.6km를 남겨놓고 있다.

반환점을 막 넘어서는데 중촌마을의 슬라브 집 쇠창살 대문 위로 금줄이 내걸렸다. 새끼줄에는 숯과 솔잎 등이 꿰어 있다. 빨간 고추가 보이지 않는다. 공주님이 태어나셨나 보다. 오랜만에 보는 금줄에서 '하늘호수'의 처마에 매달렸던 룽타의 호흡을 떠올린다.

가탄마을 앞으로 흐르는 화개천이 대지를 적시며 화개장터를 지나 섬진강으로 스며든다.

발숫물에 물장구치고

중촌마을에서 30여 분쯤 걸어 정금마을 뒷산 언덕에 올라서면 멀리 화개장터 앞으로 흐르는 섬진강이 들어오고, 경상남도 하동과 전라남도 구례를 잇는 빨간색과 파란색 아치의 남도대교가 눈에 들어온다.

길은 넓은 녹차 밭을 지나 정금마을 3거리에서 왼쪽 오르막길로 이어져 대비마을로 향한다. 길옆 녹차 밭에는 목화를 닮은 하얀 차꽃이 소담스레 얹혔다. 정금마을에는 터앝이나 남새 밭에 배추나 무를 심듯 차나무를 기르고 주변에는 야생 차나무가 잡목처럼 자유롭게 자라고 있다. 인접한 쌍계사는 우리나라 차나무 시배지이기도 하다.

정금마을에서 대비마을의 대비암까지 1km가량의 포장 도로는 원부춘 마을회관의 들머리처럼 곧추 일어선다. 목적지에 닿기 전 마지막 오름길이다. 대비암은 김수로왕의 왕비인 허황옥이 머문 곳이라 하여 이름이 유래한다. 허許씨의 시조와도 관련이 있다.

대비암에서 목적지 가탄마을까지는 밤나무가 터널처럼 길을 에워싸는 3km 남짓의 내리막길이다. 가는 길에 만나는 백혜마을의 언덕배기에 서면 발아래로 화개골과 섬진강이 한눈에 들어오고, 황장산 등 주변의 높은 봉우리들도 길손의 눈높이에 맞춰 몸을 낮춘다.

강은 길고 골은 깊어 길손의 호흡도 심연으로 가라앉는다. 긴 들숨으로 강을 들이마시고, 날숨으로 산을 토해내는 여유는 고단한 여행길의 끝자락에 이른 자만이 누리는 기쁨이기도 하다.

가탄마을 앞으로는 영신봉에서 발원한 화개천이 화개장터로 흘러 섬진강으로 스며든다. 산골의 햇살은 짧고 어둠은 빨리 온다. 추수를 기다리는 가탄마을 앞 들녘이 햇덧으로 푸르스름하다.

화개천 제방길을 따라 오리쯤 걸어 화개장터에 몸을 풀었다. 몸을 푸는 데는 막걸리 한 사발이면 충분하다. 오늘 하루도 기적 같은 삶이다. 내 안에 꽃이 피고 꽃잎은 하늘하늘 하늘로 오른다. 화개花開다.

길 안내

원부춘–형제봉 쉼터(4.3km)–중촌마을(2.3km)–정금마을 3거리(2.4km)–대비암(1.0km)–백혜마을(2.1km)–가탄마을(1.1km)까지 13.2km. 6시간가량 소요된다. 둘레길에 포함되지는 않지만 가탄마을에서 화개장터까지는 화개천을 따라 논둑을 겸한 제방길로 2km가량 이어진다.

원부춘–가탄구간은 오르막길이나 내리막길 모두 심한 급경사로 쉽지 않다. 특히 형제봉쉼터를 지나 중촌마을로 내려가는 길은 지리산둘레길 가운데 최고의 내리받이다.

승용차를 이용할 경우 광주에서 화개장터 건너편 화개터미널(055–883–2793)까지는 1시간 30분가량 소요된다. 터미널 아래 화개천 고수부지에 무료 주차장시설이 마련돼 있다.

화개터미널에서 원부춘행 버스는 하루 한 번(오후 3시 30분) 운행한다. 하동행 버스를 타고 가다 원부춘 마을 입구의 신기정류장에서 내려 구간의 들머리인 원부춘 마을회관까지 걸어갈 수 있다. 하지만 4km에 달하는 콘크리트 오르막길을 감안해야 한다. 택시를 이용할 경우 화개터미널에서 원부춘 마을회관까지 8천 원 남짓의 미터요금이 나온다.

구간의 중간쯤인 중촌마을에 묵어갈 수 있는 민박이 있고 가탄마을에서도 민박이 가능하다. 화개터미널 부근에 깨끗한 모텔이 많다. 주변 식당에서는 참게나 은어, 다슬기, 재첩 등을 이용한 요리를 맛볼 수 있다.

화개장터를 둘러볼 수 있는 것도 원부춘–가탄 구간의 특징이다. 조금 일찍 출발하여 장터의 삶을 체험하는 것도 유쾌한 경험이다.

중촌마을 '하늘호수' 주인 내외의 수더분한 미소가 나무를 닮았다.

화개장터에 있는 가수 조영남 동상.

15구간 **가탄—송정**

숲길에 소슬바람 불어
낙엽은 나비처럼 난다

으레 그렇듯이 버스터미널이나 기차역 주변에는 허름하지만 근사한 아침식사를 할 수 있는 식당이 있기 마련이다. 화개터미널 근방에는 그런 식당이 서너 군데 있다. 숙소와 인접한 식당에서 해장을 겸한 다슬기 국으로 속을 달랜 뒤 구간의 시작점인 가탄마을로 향했다. 해뜰참은 지났으나 동살이 잡힌 들녘은 푸르스름했다.

화개천이 기지개를 켜는 이른 아침, 부지런한 농부가 트렉터를 몰고 나와 나락을 수확하고 있다. 뒤따르는 농부의 아낙이 쓰러진 나락을 한 아름씩 묶어내고, 늙은 아비는 볏단을 경운기에 실으며 일손을 보태는 가을 들녘이다. 농부 일가족의 바지런한 호락질에서 일상화된 노동의 고단함이 묻어난다.

길은 가탄마을 앞 가탄교에서 화개십리벚꽃길을 가로질러 화개초등학교 옆 법하마을로 들어선다.

화개십리벚꽃길은 화개장터에서 쌍계사까지 4km에 걸친 벚나무 가로수 길을 일컫는다. 일제 때 신작로 개설과 함께 조성됐다. 벚꽃이 만개한 날에 이 길을 걸으면 사랑이 이뤄진다고 한다. 하여 '사랑의 길' 또는 '혼례의 길'이라고도 불린다.

하지만 계절은 눈부시게 고왔던 꽃잎이 지고 잎마저 버려야 하는 시간,

지리산둘레길 이정목과 화개장터로 흘러가는 섬진강 길에서 마주하는 계절의 순환은 두려웠고 버려지지 않는 인간의 탐욕은 가여웠다.

추동마을 산골집 앞마당의 맨드라미가 제 홀로 붉어 가을을 맞고 있다.

 십리벚꽃길은 이제 사랑을 떠나보내고 있는 중이다. 늙은 벚나무의 색 바랜 잎이 꽃보라처럼 날리고 있다.
 화개천을 내려다보는 법하마을은 이름에서 알 수 있듯이 예전엔 사하촌이었다고 한다. 마을을 형성할 만큼 영화롭던 사찰은 오간데 없고, 생긴 지 얼마 되지 않는 듯한 탑동산의 10여 기 돌탑만이 마을 뒷산 길목을 지키고 있다.
 탑동산에서 작은재로 이어지는 숲길엔 야생녹차가 숲을 이루고, 차나무는 소박한 꽃을 머리에 얹었다. 차꽃은 가난한 집안의 며느리가 이고 온 이바지를 닮았다. 숲길에 소슬바람이 스쳐 지나고 낙엽은 나비처럼 난다.

사하촌의 내력을 갖고 있는 법하마을 뒤의 돌탑 동산.

하동과 구례를 나누는 작은재

편백나무 숲과 시누대가 울창한 대숲길을 지나 길은 '작은재'에 닿는다. 화개터미널에서 출발한 지 1시간 30여 분쯤 지났다. 목적지 송정마을까지는 8.8km를 남겨 놓고 있다.

작은재는 경남과 전남의 경계지점으로 하동의 화개면과 구례의 토지면을 나눈다. 고갯마루에는 황장산을 비롯하여 촛대봉·구례·화개장터 등을 가리키는 이정표가 어지럽다.

작은재에서 구례로 넘어와 길목 초입의 나무의자에 앉아 숨을 고르는데 지나왔던 지리산둘레길의 구간들이 뒤죽박죽 스쳐 지난다. 지난 4월의 초

경남 하동과 전남 구례를 나누는 작은재의 많은 이정표들이 어지럽다.

봄, 전북 남원 주천면에서 시작했던 길이다. 남원을 지나 함양, 산청, 하동을 거쳐 마지막 구례 구간에 들어섰다.

시간과 풍경들이 엊그제 같은데 헤어 보니 많은 시간이 흘렀다. 꽃이 피었다 지고 꽃자리에 맺혔던 열매들도 떨어졌다. 피는 날이 있으면 지는 날도 있고, 꽃이 져야 열매가 맺는다는 것을 눈에 담을 수 있었던 길이었다.

계절의 순환은 두려웠고 버려지지 않는 인간의 탐욕은 가여웠다. '세상'이라는 들녘에는 대통령의 하야를 요구하는 촛불이 들불로 타올랐고, 추락한 권력은 촛불처럼 흔들렸다.

건너편 잡목 속에서 때 아닌 진달래 한 송이가 가을바람에 피어나고 있다. 계절을 거스른 저 꽃은 내게 무슨 말을 하고 싶은 것일까.

하동에서 작은재에 오르는 숲길은 가파른 반면, 작은재에서 구례로 넘어가는 숲길은 완만한 내리막으로 걷기에 편하다. 저만큼서 해쬐이 하던 다람쥐 한 마리가 놀라 내달리다 되돌아서 길손을 빼꼼이 쳐다본다.

숲은 깊어 금방이라도 산짐승이 헐떡이며 달려 나올 듯하다. 멧돼지의 흔적일까. 파헤쳐진 숲길은 산짐승이 방금 지나갔는지 아직 마르지 않아 촉촉하고, 발자국은 떼 지어 흔적을 남겼다. 낙엽 위의 까만 똥은 자기 영역을 드러내는 표시일 것이다.

'우리 만나지 않길. 우연히 만나더라도 서로 모르는 채 제 갈길 가기…' 헛기침으로 나의 존재를 알리며 숲길을 간다.

노란색 크레용으로 쓰는 가을 편지

작은재에서 오르내리는 숲길을 따라 30여 분 가다 보면 길은 수십 그루의 고사목이 단지를 이루고 있는 기촌마을 윗 동산의 언덕배기에 올라선다. 산길을 가다 시야가 트이면 숨이 트이고, 숨이 트이면 마음도 트인다. 발아래 섬진강이 실타래를 풀어 놓은 듯 흘러가고 맞은바라기의 즐비한 펜션들이 시원스레 펼쳐지면서 숨이 트이고 마음이 트인다.

길은 밤나무 과수원길을 따라 20여 분간 내려가다 기촌마을의 외곡교회 앞에서 섬진강의 반대편인 오른쪽 차도로 이어져 추동교를 지난다. 다리

목표를 향해 가는 길의 힘들기는 사람이나 강줄기나 매일반이다. 외곡마을 앞 피아골 계곡물도 힘든 여정으로 섬진강으로 가고 있다.

추동마을에서 바라본 섬진강 전라도와 경상도를 잇는 섬진강대교가 보인다.

아래로 피아골 계곡물이 섬진강으로 서둘러 흐른다. 임도를 타고 오르는 가풀막진 길에 교회의 종소리가 뒤따른다. 조용한 산골마을에 울려 퍼지는 교회의 종소리는 깊고 여운이 길다. 11시가 되어 가는가 보다.

임도는 가파르다. 40여 분 걸어 두어 마장을 겨우 가는 된비알길이다. 가는 길에 작은 개울 옆으로 고로쇠나무가 반가운 그늘을 드리웠다. 고로쇠 수액은 추동마을의 주된 소득원 가운데 하나다. 얇은 개울의 맑은 물살이 기운차다.

골 따라 오르는 길은 하늘이 맞닿는 곳까지 이어지고, 하늘아래 산골마을에서 계절은 가을 깊숙이 들어선다. 모과 열매는 가을볕에 떨어져 길섶에 뒹굴고, 우듬지 까막득한 키 큰 은행나무는 노란색 크레용으로 가을 편지를 쓰고 있다. 길옆의 낡은 흙집은 사립도 없고 주인도 없는데 장닭의 벼슬을 닮아 닭벼슬꽃이라고도 불리는 맨드라미만이 마당에서 제 홀로 붉다.

고개 하나를 다 오를 즈음, 임도는 오른쪽으로 자기 길을 말없이 가고 지리산둘레길은 왼쪽으로 난 숲길을 따라 산을 오른다. 산길은 섬진강과 다섯 마장쯤의 흐름을 함께한다.

산으로 오르는 길에 섬진강이 넓은 치마폭을 펼쳐 보이고, 강의 끄트머리에 화개장터의 남도대교가 걸려 있다. 굽이굽이 흘러가는 섬진강의 푸른 물결을 왼편에 세우고 목아재로 넘어가는데 맑은 하늘에 슬그머니 여우비가 지난다. 지리산 호랑이가 늦장가라도 가는가 보다.

전설 하나 만들며 가는 길

목아재는 구례의 외곡리에서 화개의 범왕리로 넘어가는 큰 고갯길이자 당재와 화개재를 넘어 뱀사골로도 이어진다. 지리산둘레길의 지선인 '목아재-당재' 구간이 고갯길을 따라 시작된다. 목적지인 송정마을은 목아재 고갯길을 가로질러 숲으로 들어선다. 송정마을까지는 3.4km에 달하는 산길이다.

구례의 외곡리에서 화개의 범왕리로 넘어가는 목아재. 멀리 왕시루봉이 까마득하다.

　목아재에서 산길로 접어들다 보면 둥글고 커다란 동돌바위 두 개가 포개어 있는 것을 볼 수 있다. 두꺼비 한 마리가 또 다른 두꺼비를 등에 업고 섬진강을 바라보고 있는 형상이다. 가수 장사익의 「꽃구경」 노래 가사를 차용하여 마음속에 모성애와 효성이 얽힌 '두꺼비 바위의 전설' 하나 지으며 지난다.
　어머니를 등에 업고 섬진강으로 내려가고 있는 두꺼비 바위는 효성이 부족한 사람들의 눈에는 잘 띄지 않는다. 실눈을 크게 뜨고 톺아보아야 한다.
　목아재에서 송정으로 이어지는 길은 섬진강을 내려다보며 산의 남서쪽 허리를 감아 돈다. 숲길엔 한 길이 넘는 진달래가 무성하다. 사람에 치이지 않고 춘삼월 꽃구경하기에 제격일 성싶다.
　목적지인 송정마을은 여순사건 때 소실된 뒤 정착사업으로 다시 조성된 마을이다. 지금은 별장과 펜션이 계곡을 따라 줄지어 들어섰다. 마을 뒤로는 노고단 줄기가 뻗어 내려오고 맞은바라기에는 섬진강 건너편의 백운산이 우람한 근육질 몸매를 자랑하고 있다.

길손이 지은 '두꺼비 바위의 전설'

아주 오래된 옛날, 외곡리의 한 마을에 일흔이 넘어 거동이 불편한 노모가 아들과 함께 살고 있었다. 가난한 아들은 삶의 고단함을 견디다 못해 노모를 산에 버리기로 했다.

아들이 노모를 업고 목아재를 넘어가는데 등에 업힌 어머니가 자꾸 나뭇가지를 꺾었다. 아들이 까닭을 물었다. "얘야, 네가 이 깊은 산중에서 돌아가는 길을 잃을까 봐서 표시를 해 둔 거다." 그때서야 크게 뉘우친 아들은 노모를 업고 오던 길을 되돌아갔.

가는 길에 아들이 발을 헛디뎌 그만 노모가 땅에 떨어져 죽고 말았다. 비탄에 빠져 통곡하던 아들이 자신의 불효를 탓하며 노모 곁에서 자진했다.

모자는 두꺼비 바위로 환생했다. 아들은 여전히 노모를 등에 업고 지금도 마을로 엉금엉금 내려가고 있다.

아들이 통곡하며 흘린 눈물이 섬진강이 되었다. 그때부터 모래가 많아 다사강多沙江으로 불리던 강이 두꺼비 섬蟾자를 붙여 섬진강蟾津江으로 불리게 됐다.

아들이 노모를 업고 닿을 수 없는 마을로 내려가고 있는 목아재 인근의 두꺼비 바위.

길 안내

화개터미널–법하마을(2.0km)–작은재(1.1km)–기촌마을(1.9km)–목아재(3.4km)–송정마을(3.4km)까지 11.8km에 달하는 구간이다.

경남 하동의 화개면에서 전남 구례의 토지면으로 넘어가는 길이다. 가는 길 내내 섬진강과 나란히 달리는 산의 능선을 타게 된다. 구례로 넘어와 처음으로 만나는 기촌마을에서 추동마을로 이어지는 길은 상당히 가파르다. 전체적인 난이도는 중간쯤으로 6시간 정도 소요된다.

기촌마을과 송정마을에 펜션 위주의 숙박시설이 많다.

화개버스터미널(055-883-2793)에서 내려 법하마을로 이어지는 길을 들머리 삼으면 된다. 구례버스터미널(061-780-2730)에서 법하마을과 인접한 가탄마을로 갈 수도 있다. 구례버스터미널에서 가탄마을까지는 하루 7차례의 버스가 운행한다. 소요시간은 30분 정도다.

승용차로 광주에서 화개버스버스터미널까지는 1시간 30분쯤 소요된다. 구간의 종점인 송정마을에서 화개버스터미널까지 되돌아갈 경우 택시 요금은 1만 원이다.

구례 외곡리 섬진강변의 펜션단지.

16구간 송정-오미

가을편지 쌓인 숲길에
애처로운 늦잎의 허망

'붉은 원숭이의 해'인 병신년丙申年이 끝을 향해 달리고 있다. 연초부터 '병신년'은 함의로 회자됐고, 사람들은 함의를 최고 권력자에 대한 분노와 비아냥으로 대신했다.

병신년의 길목은 혹한의 계절로 가는 섬돌을 자처했다. 나뭇가지는 비어 허허롭고 숲은 켜켜이 쌓인 낙엽으로 내려앉았다. 계절의 순환은 초록을 잃은 적막한 숲에 한 치의 주저함도 없이 오고 간다.

송정마을 어귀 주차장을 들머리 삼아 시작한 길이다. 길은 곧바로 숲으로 들어서면서 돌계단을 오른다. 돌계단에는 나무들의 늦가을 편지로 가득하다. 밤나무도 떡갈나무도 도토리나무도 밤새워 편지를 썼나 보다.

낙엽들은 저마다 지난날의 소중한 사연들로 숲을 채우고 있다. 누구라고 아름답게 빛나던 한 시절이 없었겠는가. 더러는 감당키 어려운 시련에 눈물로 지새던 시간도 있었을 테다. 가만히 귀 기울이면 비어가는 가을 숲의 사연들이 들려올 것만 같다.

가을 숲길을 걷다 보면 남아 있는 잎보다는 내려올 때를 알고 내려온 잎들이 더 아름답다. '가야 할 때가 언제인가를/분명히 알고 가는 이의/뒷모습은 얼마나 아름다운가'로 시작하는 이형기 시인의 「낙화」를 '낙엽'에서 읽

낙엽이 양탄자처럼 쌓인 운무 낀 숲길은 낙엽지는 소리마저 들릴 듯 고요하고 근접한 풍경은 은밀하다. 가을의 낙엽이 아름다운 것은 내려올 때를 알고 내려오기 때문이다.

는다. 부끄럽지 않고자 하는 처연한 아름다움이다.

꽃잎이나 나뭇잎 하나도 아름다운 뒷모습을 보이는데 떠나야 할 때 떠나지 못하는 권력의 미련이 가엾다.

낙엽이 양탄자처럼 쌓인 숲길엔 오늘도 운무가 짙게 깔렸다. 간밤에 내린 비는 그쳤으나 찬바람 맞은 섬진강의 숨결이 비 개인 숲의 운무를 붙들고 있다. 까마귀조차 울지 않는 운무 낀 숲길은 낙엽 지는 소리가 들릴 듯 고요하고, 다가온 풍경은 은밀하다.

애솔 키우는 상처 입은 소나무

어느 시절 산불이 휩쓸고 지나갔는가 보다. 길섶의 소나무 밑둥이 모두 새까맣게 그을렸다. 보굿이 숯으로 변했는데 속이야 오죽하랴 싶다. 화마를 이겨낸 소나무는 이제 발밑에 애솔을 키우며 망루에 선 어이처럼 숲을 지키고 있다.

송정마을 주차장에서 40여 분 가량 오르면 원송마을로 넘어가는 의승재에 닿는다. 1km쯤 지난 길이다. 고개를 내려가는 길에는 편백나무가 울창하고 숲은 짙어 한낮인데도 운무와 더불어 어스름하다.

의승재를 넘어서면 길은 계곡의 바윗돌을 징검다리 삼아 작은 개울을 건넌 뒤 400여 년 전 이순신 장군이 걸었던 '백의종군로'와 합류한다.

계곡 주변은 정유재란 때 구례 선비 왕득인 등 수많은 구례 의병들이 왜군에 맞서 백병전을 벌이다 옥쇄한 피의 전장이다. 순절한 의병들이 흘린 피와 침략자들의 피가 한데 섞여 흘렀을 계곡물은 석주곡수라 불리며 석주관 칠의사묘 앞을 지나 섬진강으로 합류한다.

운무 속에 숨어 있던 나목들이 전장의 적개심처럼 불쑥 일떠섰다가 다시 운무 속으로 숨어든다. 시계視界는 기껏해야 20m를 넘어서지 못할 만큼 운무는 짙다.

석주곡수길를 따라 걷던 길은 계곡에서 벗어나 오른쪽 산허리를 타고

칠의사 순절비 수영구수련원 못 미쳐 석주관칠의사당 건너편에 있다. 정유재란 당시 왜군에 맞서 옥쇄한 7인의 의병장을 기리는 추념비다. 비석 뒤 큰바위를 돌아가면 칠의사의 묘가 함께 조성돼 있으나 큰 뜻에 비해 묘지는 왠지 초라하다.

오른다. 낙엽 진 숲에서 활엽수 한 그루가 노란 단풍잎을 매단 채 홀로 버겁다.

어쩌자는 것일까. 그만 내려올 때가 됐다는 것을 모르는 것은 아닐진대 단풍잎은 나뭇가지에 매달려 바동거리고 있다. 경험하지 못한 척박한 땅이 두려울 터다. 내려와야 땅이 비옥해지고 나무는 새잎을 다시 틔울 텐데 한사코 가지에 매달려 있는 늦잎의 허망이 가련타. 바동거리는 늦잎이 하야를 거부하는 권력자처럼 애처롭다.

소망의 발자국이 만든 숲길

내려오는 길에 일산을 닮은 전망대에 서서 조망을 기대했지만 자동차 지나는 소리만 들릴 뿐 운무 속 시계는 코앞을 가렸다. 길은 전망대에서 방향을 꺾어 내려오다 과수원길 임도를 지나 다시 언덕 숲길로 가파르게 오

둘레길의 하동에서 구례 구간을 걷다 보면 충무공 이순신 장군의 '백의종군로'와 '수군재건로' 등과 겹치는 경우가 많다. 길은 갈래로 나뉘지만 고달픈 목숨들이 새긴 발자국이라는 점에서는 한 길이다.

른다. 숲에서는 소나무를 베어내고 편백나무로 수종을 교체하는 작업이 한창이다. 몸통 잘린 소나무의 비명인 냥 송진 내음이 숲을 채우고 있다.

언덕의 숲길이 끝나고 포장 임도가 시작되는 곳에 세워진 '남도 이순신 길, 조선수군 재건로'의 안내판이 큼직하다. 충무공이 삼도수군통제사로 복귀한 뒤 군사와 무기 등을 모으며 명량대첩지인 해남 우수영까지 이동했던 역사의 현장이다.

백의종군로와 합류했던 지리산둘레길은 이곳에서 조선수군 재건로까지 받아들인 뒤 의기투합하여 목적지인 오미마을로 함께 간다.

지리산둘레길이나 백의종군로, 조선수군 재건로 등 세 가지 길은 저마다의 자기 사연을 안고 흐른다. 하지만 이 땅에 살고자 했던 고달픈 목숨들이 새긴 소망의 발자국이라는 점에서는 한 길이다. 지리산둘레길의 여정을 마치게 되면 충무공의 발자취를 따라 서러운 남도 길을 다시 걷고 싶다.

산행에 나선지 2시간쯤 지나 한낮이 되면서 운무의 기세는 한풀 꺾였다. 산모롱이를 지나면 멀리 구례동중학교와 섬진강어류생태관이 희끄무

레 모습을 드러낸다.

단풍으로 물든 꽃보라길

짙어진 숲길은 조그마한 나무 아치교를 건넌 뒤 감나무 밭 사잇길을 지나 구례군 노인전문요양원으로 이어진다. 노인전문요양원에 닿기 전, 과수원길이 끝나는 곳에 세워진 전망대에서 사과 몇 조각과 구운 달걀로 늦은 점심식사를 대신한 뒤 길을 재촉했다.

산등성이 전체가 감나무 밭으로 변한 과수원의 마른 감나무 가지에 이따금씩 홍시 한두 개가 매달렸다. 맑고 푸른 하늘은 무궁하고, 무궁한 하늘 아래서 홍시는 날짐승의 꿈으로 빠알갛게 빛났다.

길을 걷는다는 것은 배고픈 날짐승을 위해 홍시 하나쯤 남겨 놓는 농부의 마음과 가지 끝에 매달린 날짐승의 꿈을 보며 가슴에 푸른 하늘 한 토막쯤 담는 일이다.

잠깐의 차도를 타고 오르는 둘레길은 노인전문요양원 뒷길로 이어져 임도로 오른다. 콘크리트 포장 임도는 하늘과 맞닿을 듯이 직각으로 일어선다. 장딴지에 전달되는 에너지가 묵직하다.

임도의 마루에 올라서면 멀리 섬진강 너머로 백운산 자락이 길게 펼쳐진다. 임도에는 단풍나무가 우거져 늦가을 볕에 불타고 있다. 터널을 이룬 핏빛 단풍은 길바닥까지 내려와 붉게 물들였다. 단풍과 세상이 같은 꿈으로 가는 길은 단풍이 곧 세상이고 세상이 곧 단풍이 된다. 빨갛고 노란 단풍으로 물든 꽃보라길은 별장촌인 솔까끔마을을 지나 문수제까지 2km 넘게 이어진다.

길은 문수제에서 오던 방향으로 되돌아가듯 꺾어져 저수지 둑 아래 내죽마을로 내려가고 저수지 건너편에는 차도 하나가 문수사를 향해 깊숙이 들어간다. 내죽마을은 조선 영조 때 경주 이씨가 아들 3형제와 함께 길지吉地를 찾아 전국을 돌아다니다 정착한 곳이라고 한다.

'가탄-송정' 구간에서 만난 내죽마을 뒷길의 단풍길. 터널을 이룬 핏빛 단풍이 길바닥까지 내려와 한 세상을 이룬다.

운무가 가득한 날, 낙엽은 조심스레 내려와 숲길을 덮거나 더러는 계곡물을 타고 정처없이 흘러간다.

　마을 앞으로는 1m가 훨씬 넘을 성싶은 폭넓은 수로를 타고 농업용수가 인접한 하죽마을로 흐른다. 물은 맑고 흐름은 유연하다. 생태환경까지 고려하여 다슬기나 피리 등이 살 수 있도록 수로를 만들었으면 '명당'의 가치를 더할 수 있었겠다는 아쉬움이 남는다.

　수로를 따라 걷다 보면 길은 마침내 하죽마을의 수문장인 250년 된 서어나무를 지나 남한의 3대 명당 가운데 하나로 꼽히는 오미마을 운조루에 닿는다.

길 안내

송정-의승재(1.1km)-원송계곡(2.1km)-노인전문요양원(2.8km)-솔까끔마을(2.0km)-문수저수지(0.8km)-오미마을(1.7km)까지 10.5km에 달하는 구간이다.

지리산 노고단에서 뻗어 내려온 왕시루봉이 섬진강에 잠기기 직전의 발등상을 타고 하동에서 구례 방향으로 넘는 길이다.

넉넉히 5시간이면 도달할 수 있는 거리인 데다 숲길과 포장 임도는 대체로 완만하다. 백운산과 섬진강을 바라보며 걷기에 적당하다. 다만 산행 중간에 음료를 파는 시설이 없다.

19번 국도인 섬진강대로를 따라 하동방향으로 진행하다 수영구수련원 옆길을 타고 2km쯤 오르면 송정마을이 나온다. 송정마을 어귀에 둘레길 여행자를 위한 주차시설이 마련돼 있다.

광주에서 승용차를 이용할 경우 1시간 20분쯤 소요되며 목적지는 수영구수련원으로 설정하면 된다. 대중교통을 이용할 경우 구례버스터미널에서 연곡사나 피아골 노선 버스를 이용할 수 있다. 1시간 간격으로 운행하며 소요시간은 15분 가량. 오미마을에서 송정마을로 되돌아갈 때는 택시를 이용하는 것이 편하다. 요금은 1만 원 이내다.

하죽마을과 오미마을에서 민박이 가능하다. 식사를 위해서는 토지 면사무소 근방에 있는 다슬기 요리집을 이용하는 것도 괜찮다.

송정-오미 구간에서는 시간을 내어서라도 들러 볼 곳이 두 군데 있다. 부자가 사는 방법을 가르쳐주는 운조루와 석주곡수를 피로 채웠던 석주관 칠의사의 묘다.

선인들의 삶과 마주하게 되면 우리가 분노해야 할 때는 왜 분노해야만 하는가를 알게 된다. 모멸스러운 계절이기에 더욱 그렇다.

17구간 오미-방광-난동

명당은 기운을 다해도
명당에 새긴 뜻은 빛난다

　스스로 내려오기를 거부하던 그녀가 결국 끌려 내려왔다. '박근혜 대통령에 대한 탄핵소추안'이 어제(2017. 12. 9.) 국회에서 가결됐다. 투표자 299명 중 234명이 찬성하여 탄핵안을 가결했다. 표결을 참관한 세월호 유가족들이 탄핵소추가 가결되자 눈물을 흘렸다.
　국회 밖에서는 촛불시위를 이어온 국민들이 기뻐했고, 태극기와 성조기를 들고 탄핵에 반대해 온 세력은 통곡했다.
　해의 끝자락에서 세상이 새롭게 빛나던 다음 날 이른 아침, 남한의 최대 명당이라는 구례군 토지면 오미마을에서 발길은 시작됐다.
　촛불로 씻어 낸 산하는 맑았고 날은 화창했다. 늘상의 운무도 일상의 미세먼지도 오늘은 자취를 감췄다. 섬진강은 햇살을 받아 용의 비늘처럼 반짝이고 에메랄드빛 하늘은 한 점의 잡티 없이 무궁했다.
　오미마을은 선녀가 금가락지를 떨어뜨린 장소라는 '금환락지金環落地'와 금거북이가 진흙 속에 묻혀 있다는 '금귀몰니金龜沒泥', 금·은·진주·산호·호박 등의 다섯 가지 보석이 쌓여 있다는 '오보교취五寶交聚'의 명당으로 잘 알려진 마을이다. 풍수에서 말하는 전형적인 배산임수의 땅이다. 마을 뒤로는 노고단이 뻗어 내려오고 마을 앞으로는 너른 들판을 가로질러 섬진강이

한 마리 새의 꿈… 길을 걷는다는 것은 배고픈 날짐승을 위해 홍시 하나쯤 남겨 놓는 농부의 마음과 가지 끝에 매달린 날짐승의 꿈을 보며, 가슴에 푸른 하늘 한 토막쯤 담는 일이다.

'그물에 걸리지 않는 바람'도 화엄사의 소나무에는 꼼짝없이 걸리는지 소리 내어 울고 지난다.

흐른다.

운조루에서 찾은 시대의 가치

출발에 앞서 오미마을의 상징이기도 한 운조루에 들렀다. 조선 중기 양반가의 대표적 건축물인 운조루에는 당시의 생활상을 실감할 수 있는 유물들이 자연사박물관의 유물처럼 보존돼 있다. 타임머신을 타고 250여 년 전의 세계로 들어선 듯하다.

운조루를 지은 류이수의 10대손이자 운조루의 관리인인 류홍수 씨(65)가 안내를 자처했다. 류씨의 설명은 문간 앞에 있는 '타인능해他人能解'의 뒤주로부터 시작됐다. 원통의 나무 속을 비워내고 만든 뒤주는 원목의 거친 물결무늬가 선명하고, 맨 아래 부분에 한자로 쓴 '타인능해'의 목판마개가 붙어 있다.

타인능해의 뒤주는 밥이 생명줄이던 시절, 가난한 이웃들이 누구나 뒤주를 열어 곡식을 가져가도록 했던 주인의 배려였다. 부자도 존경받을 수 있다는 실증의 현장이다.

또 운주루에는 수많은 굴뚝이 울타리 위로 솟지 않고 마루 밑으로 뚫려 있다. 마치 지하로 통하는 환기통을 연상케 한다. '배고픔을 겪는 가난한 이웃들에게 부잣집의 밥 짓는 연기는 가혹한 일이 될 수 있어 굴뚝을 낮게 만들었다.'는 것이 류씨의 설명이다.

운조루는 집을 지을 때 집터에서 사람 머리 크기의 거북이 형상을 한 돌이 출토됐다고 한다. 풍수에서 말하는 이른바 '금귀몰니'의 명당에 대한 실증이다. 하지만 상상을 자극하는 거북형상의 돌은 이제 운조루에서 찾아볼 수 없다.

류씨는 "20여 년 전 운조루가 처음 방송에 나오고 나서 거북 형상의 돌을 2억 원에 팔라는 전화가 왔었으나 거절했다. 그로부터 얼마 안 있어 그 돌이 사라져 버렸다."고 말했다.

그는 또 "제주도로 귀향 가는 길에 며칠 머물렀던 추사 김정희 선생이 귀향을 마치고 한양으로 가는 길에도 들렀었다."며 "그때 며칠 쉬어가며 그려 준 그림도 있었는데 모두 잃어버렸다."고 탄식했다.

운조루는 세월의 흐름 속에 툇마루는 좀이 슬고 솟을대문에는 이끼가 자라 '금귀몰니'의 기운을 다해가고 있지만, 상생과 배려의 '타인능해' 가치만은 오늘의 대한민국에서 더욱 절실한 시대정신이 되고 있다. 명당의 가치는 '금귀몰니'의 땅에 있는 것이 아니라 '타인능해'의 정신에 있음을 본다.

운조루 앞에는 맑은 물의 개울이 섬진강의 흐름과 반대 방향으로 흐른다. 섬진강은 구례에서 하동 방향으로 휘돌아 흐르고, 오미마을 앞의 물길은 하동에서 구례 방향으로 흐른다. 풍수에서 말하는 소수와 대수의 음양조화다. 서울의 한강과 청계천도 엇갈려 흐른다.

운조루를 나와 개울을 따라 마을 앞길을 걷다 보면 곧이어 오미 저수지를 지나 하동으로 가는 19번 국도로 내려선다. 길은 국도변에 위치한 지리산명차 가공공장과 GS칼텍스 주유소를 경유한 뒤 오른쪽으로 휘어지며 구

우리나라 풍수가 처음 시작된 사도리마을 전경. 지리산 능선이 병풍처럼 마을을 감싸고, 한때 배가 드나들었다는 배틀재의 거울 같은 저수지에 마을이 담긴다.

간의 첫 마을인 하사마을로 향한다.

우리나라 풍수의 시작인 하사리

이정목에는 현위치에 대해 '배틀재'라고 쓰여 있다. 배틀재는 섬진강의 물줄기를 타고 이곳까지 배가 드나들었다는 것을 자신의 이름을 걸고 주장하고 싶은가 보다. 배틀재 아래로 섬진강 대신 맑은 저수지가 호수처럼 자리하고 저수지는 지리산 자락과 하사마을을 담고 있다.

하사마을은 윗마을인 상사마을과 함께 사도리沙圖里라 불린다. '모래그림 마을'이다. '신라 말 도선국사가 이곳을 지날 때 지리산 신선이 나타나 모래벌판에 우리나라의 풍수에 대한 그림을 그려 주었다.'는 데서 유래하고 있다. '풍수의 시작인 곳이 하사리'라는 터무니다.

가는 길에 여름에는 차갑고 겨울에는 따숩다는 길옆 박우물인 작은등샘에서 목을 축이고, 아버지의 병간호를 위해 자신의 허벅지 살을 베어 달여 드린 이규익의 효자 정려를 들러 보는 것도 하사마을이 주는 게미다.

하사마을을 지나 길은 작은 언덕배기를 오른 뒤 상사마을 뒷길로 이어져 숲으로 들어선다. 오미마을에서 출발한 지 1시간쯤 지났을 무렵이다.

숲길을 나서면 일순 시야가 트이고 건너편으로 추수를 끝낸 구례 들녘과 기다란 견두산맥 아래 자리한 구례읍이 모습을 드러낸다. 들녘이 끝나는 곳의 비닐하우스는 겨울 볕에 강처럼 빛나고, 산맥은 구례읍을 여의주로 품은 한 마리의 용을 닮았다. 지리산 만복대에서 일어선 견두산맥은 밤재를 지나 천마산, 형제봉, 갈비봉, 깃대봉 등 수많은 봉우리로 꿈틀대며 월암마을까지 29.8km를 쉼 없이 내달린 끝에 섬진강으로 스며든다.

'미운 건 놀란 장끼'

'섬곡농장'이라고 한자로 쓰인 표지석에 기댄 채 눈앞에 펼쳐지는 풍광을 조망하며 깊은 호흡을 하다 보면 마음의 더께도 날숨에 실려 간다. 빈숲에

겨울바람은 숨죽여 지나고 길섶의 마른나무에는 솜털 같은 고요가 깃든다.

하지만 충만한 엔돌핀은 곧이어 아드레날린으로 화들짝 바뀌었다. 홀로 걷는 숲길의 여유로움으로 발길을 떼는데 한 걸음 앞에서 장끼 한 마리 푸드덕 날았다. 에그머니나!

장끼는 길손의 기척에 놀라 날아오르고, 길손은 장끼의 놀람에 놀라 발길이 굳었다. 고요는 바닥에 떨어지는 유리잔처럼 깨어지고 아드레날린이 분출했다. 장끼가 미웠다. 하긴 저만큼서 작은 가슴을 두근거리고 있을 장끼에게도 길손이 미운 것은 마찬가지 일터다.

겨우 되찾은 평정이 장끼에게 이성부의 「길 아닌 곳에 들다」라는 시 한 수를 건네며 화해를 청했다.

> 수북이 잠자는 낙엽들 뒤흔들어/깨워놓고 가는 내 발걸음 송구스럽다/놀라지들 말거라/나도 이파리 하나/슬픔을 아는 미물일 따름이니
> – 이성부의 시 「길 아닌 곳에 들다」 전문

오미마을을 출발한 지 2시간쯤 지나 길은 황전마을의 징검다리 개울을 건너 '지리산국립공원 남부탐방 안내소'가 있는 화엄사 시설지구에 닿았다.

막걸리 한 잔이 생각났으나 식당에 꽂히는 눈길과 달리 발길은 외면하고 지나쳤다. '혼밥'이나 '혼술'을 불편해 하는, 진화하지 못한 성정 탓이다.

길은 식당가를 가로질러 화엄사 시설지구 뒷산으로 오른다. 산길은 마른 풀로 뒤덮이고 울울창창한 소나무가 하늘을 가린다. '그물에 걸리지 않는 바람'도 화엄사의 소나무에는 꼼짝없이 걸리는지 가끔씩 소리 내어 울고 지난다. 한 뼘의 양지에서는 철 늦은 쑥부쟁이 꽃이 성냥팔이 소녀의 성냥불처럼 흔들리며 피어나고 있다.

발길의 흔적으로 가득한 수한마을 보드판.

방광마을 돌담의 추억

화엄사 시절지구 뒷산을 내려온 길은 구례 들녘을 왼편으로 조망하며 당촌마을을 지나 수한마을로 이어진 뒤 방광마을로 향한다.

둘레길이 닿은 수한마을 초입에는 깨알 같은 글씨들로 가득 찬 대형 보드판이 흙담의 벽을 대신하고 있다. 보드판의 작은 글씨들은 이 길을 지났던 사람들이 무명씨를 거부하며 남긴 이름들이 대부분이다. 사람들은 명산의 바위에 이름을 새기고, 묘비에도 이름을 새기고, 수한마을 보드판에도 자신의 이름을 남긴다. 가죽 대신 남긴다.

길 건너편 개울에는 마을 이름처럼 차가운 샘물이 흐르고 우물 옆에 평상이 놓여 있어 잠시 쉬어가기 적당하다.

수한마을을 나와 방광사거리를 지나면 들녘 너머로 방광마을이 모습을 드러낸다. 방광마을 어귀에는 500년 수령의 느티나무 3그루와 함께 '종석

방광마을을 지키는 500년 수령의 느티나무.

정鍾石亭'이라는 정자가 길손을 맞는다. 종석정에는 '지리산의 정기를 받아 빛을 내뿜는다'는 뜻의 '지리정기수방광智異精氣受放光'이라고 쓰인 판액이 걸려 있다. 마을 이름이 '방광'인 이유를 알 것 같다.

남원에서 구례로 들어오는 들머리인 방광마을은 조선시대까지만 해도 주막이 성시를 이루고 국가의 농지였던 둔전이 있을 정도로 구례의 중심마을이었다. 방광마을 고샅길의 무너진 죽담에서 지난날의 영화를 더듬어 볼 뿐이다.

둘레길은 방광마을 안으로 깊숙이 들어선 뒤 천은사로 이어지는 지방도를 건너 참새미골 캠핑장의 계곡으로 내려선다. 천은사 계곡물이 흘러드는 여름 캠핑장은 폐쇄되어 을씨년스러운데 수확의 손길을 기다리는 산수유 열매가 홀로 붉다.

오동나무가 외눈을 부릅뜬 까닭

오동나무 옹이의 부릅뜬 외눈들.

캠핑장 계곡을 건너 언덕을 올라선 뒤 숲길이 끝나는 곳에서 길은 임도와 직각으로 만난다. 하지만 이정목은 물론 그 흔한 산악회의 리본도 보이지 않는다. 오른쪽은 경사진 오르막이고 왼쪽은 구례읍 방향으로 가는 내리막 포장길이다. 난감할수록 본능은 약다. "어차피 불확실하다면 쉬운 길을 먼저 택하라."고 본능이 속삭인다. 다행히도 200여m쯤 내려오니 이정목이 반긴다.

길은 숲길과 포장 임도를 오가며 당동마을을 지나 구례 예술인 마을로 이어진다. 당동마을에 닿기 전 낙엽 진 숲에서 군락을 이룬 오동나무의 옹이가 부릅뜬 눈으로 길손을 지켜보고 있다. 때지어 지켜보는 눈들은 외눈박이 도깨비 눈을 닮았고, 더러는 고양이 눈을 닮기도 했다. 하얗게 분칠한 나무들은 저마다 열 손가락으로 셀 수 없을 만큼 많은 눈을 가졌다.

봉황이 깃든다는 오동나무도 뱁새보다 못한 봉황의 요즘 행태에 분노하고 있나 보다. 추한 권력을 대신하여 누구라도 빌어 오동나무의 옹이가 미소 띤 눈이 될 수 있다면 무릎인들 꿇지 못하겠는가 싶다.

당동마을과 구례 예술인 마을을 지나 400년 수령의 당산소나무 10여 그루가 마을 어귀를 지키는 난동마을에 닿으니 건너편 백운산에 해가 한 치 정도 남았다. 오늘 하루 당초 방광마을까지 계획했던 여정이 10리길 이상 늘어났다. 그만 돌아가야 한다.

택시를 불러 오미마을로 돌아가는데 석양으로 붉어진 노고단 능선이 다시 보자며 활짝 웃는다.

운조루와 타인능해

운조루는 낙안군수를 지낸 류이주가 1776년(영조 52)에 건립했다. 국가민속문화재 제8호. 조선시대 대표적 양반가의 자택으로 사랑채, 안채, 행랑채, 사당으로 구성됐다. 건립 당시 78칸이었으나 현재는 63칸이 보존된 목조기와집이다.
'금귀몰니金龜沒泥'의 명당이자 남한의 3대 길지로 꼽힌다.
운조루雲鳥樓라는 당호는 도연명의 귀거래혜사歸去來兮辭에서 가져왔다.
'운무심이출수雲無心以出岫(구름은 무심히 산골짜기에 피어오르고), 조권비이지환鳥倦飛以知還(새들은 날기에 지쳐 둥우리로 돌아오네)'. 시구의 첫 글자를 빌려 온 것이 이 집의 당호다.
옛 권력자의 집이지만 건물은 권위적이거나 위압감으로 군림하기보다는 지쳐 돌아온 새를 품에 안은 새둥우리처럼 아늑하다. 건물 자체도 그렇지만 사랑채의 누마루에 올라서면 솟을대문 너머 섬진강과 강너머 오봉산이 한 폭의 그림이 된다.
하지만 운조루의 가치는 금귀몰니의 명당에 있지 않다. 타인능해他人能解라는 글씨가

운조루 전경 운조루 앞 개울은 섬진강과 반대 방향으로 흐른다.

운조루의 '타인능해' 뒤주.

쓰인 쌀뒤주와 마루 밑으로 뚫린 낮은 굴뚝에 있다.

'타인능해' 뒤주는 항상 개방되어 배고픈 이들이 언제라도 쌀을 가져갈 수 있도록 했고 쌀이 떨어지면 다시 채워 넣는 것을 잊지 않았다. 뒤주는 한 달에 한 번씩 가득 채워졌고, 가난한 이들은 뒤주의 글씨처럼 '누구나 와서 뒤주를 열어' 쌀을 가져갔다.

뒤주를 헛간에 두어 주인과 눈을 마주치지 않고도 쌀을 가져갈 수 있도록 했고 굴뚝은 마루 밑으로 내어 밥 짓는 연기가 높이 날리지 않도록 했다. 끼니를 해결하지 못하는 이들이 쉽게 상처받을 수 있는 자존감까지 헤아린 처사다.

동학농민혁명과 여순사건, 한국전쟁을 거치면서도 운조루가 건재할 수 있었던 이유다. 마당에는 운조루 창건주인 류이주가 중국에 사신으로 갔다 오는 길에 가져왔다는 위성 류나무가 고택과 함께 250년의 세월을 버티고 있다.

재물충이 재물충이 되어가고 있는 탐욕의 시대일수록 '타인능해'의 가치는 빛난다. 가는 길에 운조루에서 하룻밤 묵어갈 일이다. 신新 신분사회로 회귀하는 한국사회의 미래에 대한 해답을 찾을 수 있을 터다.

길 안내

오미-배틀재(1.1km)-하사마을(1.0km)-상사마을(0.7km)-섬곡농장(2.7km)-화엄사 시설지구(2.2km)-당촌마을(1.6km)-수한마을(2.0km)-방광마을(1.0km)-당동마을(2.8km)-구례예술인마을(0.2km)-난동마을(1.2km)까지 16.5km에 달하는 구간이다. 소요시간은 6시간 정도 예상하면 충분하다.

구례군 토지면 오미마을에서 광의면 난동마을까지의 구간은 방광마을을 거쳐 난동으로 이어지는 길과 구례읍의 서시천 제방길을 따라 오미마을에서 난동마을로 가는 두 갈래 길로 나뉜다.

오미-방광-난동마을로 이어지는 구간은 노고단의 밑자락을 걸으며 건너편으로 구례읍과 섬진강을 조망하며 걷는 길이다. 작은 언덕의 숲길과 임도, 마을안길 등을 지나며 아기자기한 즐거움을 느낄 수 있다.

광주에서 승용차를 이용할 경우 오미마을까지 1시간 20분가량 소요된다. 운조루를 목적지로 설정하여 운조루 유물전시관의 주차장을 이용하면 된다.

대중교통을 이용할 경우 구례터미널(061-780-2730)에서 하사·오미노선을 순환하는 버스를 이용할 수 있다. 배차간격은 2시간 간격이며 소요시간은 10여 분이다.

난동마을에서 되돌아 나오는 차량은 많지 않은 데다 구례터미널로 가서 다시 오미행 버스로 갈아타야 한다. 택시를 이용할 경우 오미마을까지 요금은 1만7천 원을 조금 넘어선다.

화엄사 시설지구에 숙박시설과 식당이 즐비하며 인접한 황전마을이나 수한마을에서도 민박이 가능하다. 수한마을과 방광마을 사이의 방광사거리에도 민박집과 식당이 몇 군데 있다.

18구간 오미-난동

온동의 흐르는 전설은
산동에서 현실이 되고…

　이틀 전, 한 해를 보름 정도 남겨두고 첫눈이 내렸으나 아침 햇살 속의 노고단은 '나는 모르는 일'이라며 시치미를 뗐다. 숫눈이 쌓인 산하를 걸을 수도 있겠다는 기대를 날 선 바람이 대신했다.
　길은 운조루 유물전시관의 주차장에서 곡전재를 지나 하동방면으로 가는 19번 국도를 건너면서 시작됐다. 들녘 한가운데 자리한 원내마을을 경유하여 섬진강을 향해 직진하는 길이다.
　강은 오봉산 자락을 적시며 하동으로 흐르고, 길은 섬진강 둑길을 따라 구례읍 방향으로 엇갈려 간다. 강둑에 올라서면 둘레길 이정목과 함께 '섬진강 수달서식지 생태·경관보존지역'이라고 쓰인 커다란 입간판이 길 안내자처럼 반긴다. 우리나라 4대강 중 유일하게 1급수를 유지하고 있는 섬진강의 생태계를 입간판에서 읽는다.
　강은 군데군데 풀등을 만들어 쉬어가고 우거진 갈꽃에 부딪혀 겨울 햇살은 잘게 부서진다. 풀등이나 갈대숲 어디쯤에 볕뉘를 즐기는 수달 한 마리쯤 있지 않을까 싶어 두 눈을 가늘게 떠보지만 애시당초 기대할 일이 못됐다. 물오리 몇 마리만 물 위에 뜬 고무풍선처럼 강물 따라 떠내려가고 있다.
　수달은 조선시대만 해도 전국의 하천 곳곳에서 볼 수 있었으나 환경오염

강은 오봉산의 자락을 적시며 하동으로 흐르고, 둘레길은 섬진강 둑길을 따라 구례읍 방향으로 이어진다. 간밤의 먹이사냥을 끝내고 어디쯤에서 쉬고 있을 수달 가족의 안녕을 빌며 길을 간다.

과 가죽을 얻으려는 인간의 포획으로 자취를 감춰가고 있다. 천연기념물로 지정돼 종족의 유전자를 간신히 이어가고 있을 뿐이다. 간밤의 먹이사냥을 끝내고 어디쯤에서 쉬고 있을 수달의 시간이 안녕하길 바라며 길을 간다. 어쩌면 갈대숲에서 수달이 길손의 안녕을 비나리하고 있을지도 모를 일이다.

물고기도 가라앉는 서시천길

제방둑을 걷던 길은 강으로 한 걸음 더 내려선 뒤 대숲 사이로 난 데크길로 이어지다 용호정龍湖亭을 만난다. 망국의 한이 서려 있는 곳이다. 경술국치에 자결한 매천梅泉 황현黃玹 선생의 제자들이 스승의 뜻을 기리기 위해 세운 정자다.

용호정을 지나 차도로도 이용되는 포장된 섬진강 둑길에 올라서면 강은 치마폭을 한껏 펼친다. 넓은 강에 맑은 하늘이 담기고, 강물은 담긴 하늘로 인해 더욱 푸르다.

강물 같은 하늘에서 패러글라이더가 바람을 타고 독수리처럼 내려와도 수중보 위에서 해쪼이에 열중인 수백 마리의 겨울 철새는 미동도 하지 않는다. 하늘을 나는 날개의 정체를 철새들이 알고 있음이라.

한 시간쯤 걷다 보면 섬진강은 지류인 서시천西施川을 합류하여 가던 길을 계속 가고 둘레길은 서시천을 따라 합류지점에서 오른쪽으로 꺾어진다. 섬진강을 바라보는 시야의 끝에 구례읍과 문척면을 잇는 문척교가 아스라하다. 세심정까지 25리길에 달하는 서시천길의 시작점이다. 두 눈은 섬진강을 그만 내려놓고 노고단 능선을 새롭게 받아들여 기나긴 길을 간다.

지리산의 만복대에서 발원하여 섬진강으로 스며드는 서시천은 구례분지의 젖줄이자 청둥오리, 흰뺨 검둥오리, 비오리, 고니, 왜가리, 백로 등 수많은 철새와 텃새의 낙원이다. 이따금씩 수달과 은어도 섬진강이 무료해지면 마실 나서듯 찾아들곤 한다.

'강물의 물고기가 헤엄치는 것도 잊고 강바닥으로 가라앉을 만큼 아름다

시와 노래로 망국의 한을 달래며 매천 황현 선생의 뜻을 기리던 용호정 지금도 매년 6월에 시 낭독회 등의 문화행사가 열린다.

웠다.'는, 하여 '침어沈魚'라고도 불리는 중국의 4대 미인 가운데 한 명인 서시西施에서 이름이 유래한다. 미인은 물고기에게도 치명적 유혹인가보다.

그런가 하면 진시황의 불로초를 구하기 위해 동남동녀童男童女 3천 명과 함께 배를 타고 강물을 거슬러 지리산으로 들어갔다는 서불徐市의 이름이 '서시'로 발음되면서 서시천으로 부르게 됐다고도 한다.

자전거산책로를 겸한 서시천길에는 철따라 벚꽃과 원추리꽃, 코스모스 꽃 등이 장관을 이루지만 계절은 서시도 추위에 눈살을 찌푸릴 섣달의 끝자락, 천변의 마른 갈대를 꽃 본 듯이 할 뿐이다.

텅 빈 축사엔 통곡 소리만

길은 서시교를 건넌 뒤 구례읍 번화가의 동편 외곽을 타고 구례공설운동장과 지리산둘레길 구례안내센터를 지나 서시천과 손잡고 나란히 간다.

섬진강변을 따라 조성된 데크길은 아이들과 함께 가족 단위로 걷기에 안성맞춤이다.

마음을 씻는다는 '세심정'.

가는 길 내내 오른쪽으로는 서시천 너머 노고단 능선이 뻗어 내려오고 왼쪽에서는 구례 들녘을 지나 순천-완주 고속도로가 견두산 줄기의 허리를 타고 숨 가쁘게 달린다.

조류인플루엔자(AI)의 재앙은 지리산 산골마을도 예외 없이 휩쓸고 지났다. 길옆 비닐하우스로 지어진 닭과 오리의 축사는 텅 비어 스산하다.

아침 신문에서는 사상 최악의 AI로 닭·오리 1,467만9,000마리가 살처분됐다고 했다. AI확진 판정이 나면 반경 3km 이내의 닭과 오리는 모두 죽인다고 덧붙였다(1주일 뒤 살처분 된 가금류는 2,614만 마리로 늘어났다). 활자는 단호했고 숫자는 건조했다.

소련의 스탈린이 독재자다운 명언을 남겼다. "한 명의 죽음은 비극이지만 100만 명의 죽음은 통계다." 독재자의 말처럼 생매장된 1,500여만 마리의 주검은 통계일 뿐인가. 진열대의 물건을 치우는 것과 학살을 등가로 여기는 사회는 생명 앞에 무죄인가 묻고 싶어졌다.

어쩌면 우리는 내년 이맘때 오늘과 똑같이 반복되는 대량학살을 지켜보게 될지도 모른다. 물어야 할 것은 병든 닭이 아니라 생명을 이윤으로만 보는 인간의 병든 마음과 무능한 뒷북행정임에도 우리는 애먼 닭 모가지를 비튼다.

닭과 오리가 떠난 축사에서 바람이 통곡하듯 운다. '1,500만 마리의 살처분'이 통계라면 나는 오직 한 마리의 비명만이라도 기억하고 싶다.

인기척에 길 아래 사육장의 개들이 울더니 제방 갈대밭에서 고라니 한 마리 뛰쳐나와 '또가닥 또가닥' 발굽 소리를 내며 내달리다 이내 사라진다. 서시천에서는 무리 지은 흰뺨검둥오리가 헤엄을 치거나 모래톱 바위에 앉아 햇살을 쬐고 있다.

솥뚜껑으로 막은 온천수

자연은 생명을 키우고 생명은 저마다의 방식으로 살아간다. 목숨은 개별적이지만 하찮을 수 없고 생명의 존엄은 축생이라 하여 다르지 않다. 통계가 삶과 죽음을 대변하는 시대는 건조하고 또 춥다. 둑길은 논바닥보다 높아 바람이 더욱 차고 노고단에서 내려오던 햇살도 바람에 날린다.

길은 광용교 건너 광의면 소재지인 연파마을을 지난 뒤 면사무소를 거쳐 구만마을로 향한다. 서시천 갈대숲은 무성히 자라 물빛을 가리고 벚나무 가로수의 앙상한 가지 사이로 오가는 새들의 날갯짓은 분주하다.

둑길이 끝나는 곳에 헌 다리와 새 다리의 '구만교' 2개가 나란히 서시천을 가로지르고, 에둘러 오르는 숲길 벼랑에 '마음을 씻는다'는 세심정洗心亭이 놓여 있다. 온천과 저수지 개발로 수량이 줄어든 서시천 상류의 얕은 물과 선바위들이 세심정의 이름값을 하느라 벅차다.

길은 잠깐의 세심정 숲길을 나와 서시천과 헤어져 수력발전으로 이용되는 구만저수지와 우리밀체험장을 지나 마침내 목적지인 난동마을로 향한다.

온동마을 따뜻한 온천수가 나왔다는 전설은 산너머 산동에서 현실이 된다.

　　난동마을에 닿기 전 우리밀체험장을 지나면 노고단으로 오르는 산골에 터를 잡은 온동마을을 만난다. 골논계라는 골짜기에서 나오는 따뜻한 온천수로 인해 전국의 나병 환자들이 몰려들자 솥뚜껑으로 샘을 막아버렸다는 전설을 안고 있는 마을이다. 안타깝게도 온천수의 근원을 막아버린 솥뚜껑을 찾을 수는 없지만 산 하나 넘어 인근 산동에서 온천수가 솟는다. 온동의 전설이 산동에서 현실이 된 까닭은 무엇일까. 나병환자들을 외면했던 솥뚜껑의 전설은 매정하다.

　　지리산둘레길은 오늘 하루, 사라지고 죽어가는 목숨들에 대한 연민으로 가득했다. 내일의 길에서는 생명의 기쁨을 만났으면 좋겠다.

매천梅泉 황현黃玹

매천 황현의 초상화.

'나는 벼슬하지 않았으니 사직을 위해 죽어야 할 의리는 없다. 허나 나라가 500년 간 사대부를 길렀는데 망국의 날에 죽는 선비 한 명이 없다면 어찌 슬프지 않겠는가?'

한일합방을 통탄하며 자결한 매천梅泉의 유서 일부분이다.

경술국치를 맞아 나라의 녹을 먹은 적이 없는 시골의 선비 한 명이 '나라가 망한 지금 선비 하나는 죽어야 하지 않겠느냐.'며 나라의 자존심을 위해 자신의 목숨을 버렸다.

그는 또 절명시를 통해 '추등엄권회천고秋燈掩卷懷千古(가을 등불 아래 책 덮고 지난 날을 생각하니), 난작인간식자인難作人間識字人(인간 세상에 글 아는 사람 노릇하기 어렵구나)'라고 한탄했다.

대통령이 국가의 부끄러움인데도 부끄러움을 모르는 부끄러운 대통령 밑에서 권세를 누렸던 권력자들 가운데 부끄러움으로 사직하는 이가 단 한 명도 없음을 국민들이 부끄러워하는 2016년의 부끄러운 대한민국이다. '글 아는 사람의 노릇'이 재화의 구축으로 정의되는 우리의 시대는 진정 정의로운가?

1910년 8월 29일 경술국치로부터 16일째 되던 날 밤, 구례의 광의면 자택에서 매천은 아편 덩어리를 소주와 함께 목구멍으로 밀어 넣었다. 그가 말한 '글 아는 사람 노릇'이었을 것이다. 우리에게는 '글 아는 사람의 노릇'을 위해 목숨을 걸었던 시대도 있었다. 1962년 정부는 매천에게 대한민국 건국훈장 독립장을 추서했다.

길 안내

오미-섬진강둑길(0.7km)-용호정(1.1km)-서시천 갈림길(2.5km)-서시교(1.5km)-둘레길 구례안내센터(0.4km)-연파마을(7.0km)-구만교(1.8km)-구만저수지(0.9km)-온동마을(1.6km)-난동마을(1.5km)까지 19.0km에 달한다. 구간은 길지만 평지 길로 소요시간은 6시간 정도면 충분하다. 교통편은 오미-방광-난동 구간과 동일하다.

지난번 오미에서 방광을 거쳐 난동마을로 가는 길과 달리 이번 길은 오미에서 구례읍을 지나 난동으로 가는 구간이다. 어린아이를 동반한 가족 단위로 걷기에 알맞다.

크게 섬진강길과 서시천길로 구분할 수 있다. 가는 길 내내 노고단을 조망하며 섬진강이나 서시천의 흐름과 강에 깃든 철새와 텃새를 관찰하는 것도 구간의 쏠찬한 게미다. 구례읍과 광의면소재지인 연파마을에서 식사를 하거나 음료를 살 수 있다.

때로 강은 하늘보다 푸르다. 멀리 문척교와 구례읍이 보인다.

19구간 난동—산동

산동의 온천수에 피로를 씻고, 산수유 막걸리에 세상을 담고

아무래도 새해 첫날부터 정분이 났나 싶다. 그리다 만 지평선 같은 노고단 정상과 뻗어 내린 산맥들이 울컥 반갑다. 반가운 것은 그리웠다는 것이리라. 누군가가 제 마음대로 마음속으로 파고 들어오듯이 지리산이 그랬다. 굳이 따지자면 길을 그리워했지 산을 그리워한 적은 없는 것 같은데, 그리워한 적이 없는 산이 나를 대책 없이 설레게 했다.

긴 기다림 끝에 꽃망울이 터지듯 둘레길의 발길을 떼기 시작한 지난해 4월부터 정분의 꽃망울이 조금씩 영글고 있었나 보다.

예정된 시간이 되자 버스는 구례시외버스터미널에서 승객 셋을 태우고 조금의 망설임도 없이 정시 출발했다. 차창의 화면을 노고단 줄기가 가득 채웠다. 이제 생각하니 구례 들녘과 산 아래 마을들도 있었을 텐데 기억이 없다. 사람에 대한 사랑이 그러하듯 노고단에 눈이 멀었음이라.

길의 종점에 다다라서야 '산을 사랑한다'는 말의 한 귀퉁이를 겨우 깨달았다. 눈도 쌓이지 않는 메마른 겨울 산이 꽃 병을 앓은 봄 산 못지않게 마음을 흔들었다.

구례버스터미널을 출발한 남원행 버스는 시골마을의 10여 개 정류장을 일수 찍듯이 지나다 20여 분쯤 걸려 난동 마을에 닿았다. 할머니 한 분이

구렁이가 지나가듯 산길은 꿈틀대며 휘어지고 겨울의 한복판에서 봄날을 꿈꾸는 숲은 소리 없이 깊어간다.

난동갈림길로 이어지는 난동마을 안길의 풍경.

함께 내렸다. 옆 마을 온동리에서 열아홉에 시집왔다는 최정순 할머니(81)는 병원에 다녀오시는 길이라고 했다.

할머니는 길손의 나이를 묻더니 "일흔다섯까지는 한창 좋을 때"라고 했다. '좋은 시절'이 얼마나 남았을까 싶어 얼른 마음속의 주판알을 튕겼다. 새해 첫날에 셈하는 '더하기 1'의 나이는 하얗게 변해가는 머리칼만큼이나 스산했고 부담스러웠다.

난동마을의 소담한 돌담

"젊어서 많이 먹고, 많이 놀러 다녀! 나도 마음만은 다 할 수 있을 것 같은데…." 할머니의 말씀에서 젖은 바람소리가 났다. "집에 들어가서 차 한 잔 하고 가라."는 할머니의 말씀을 뒤로하고 길을 가는데 '일흔 다섯'이 자꾸 따라온다. 그 녀석의 눈에도 한창 때로 보였으면 좋겠다고 생각하는 철

지초봉 구리재 정상의 쉼터 견두산 능선을 보며 탑동마을을 거쳐 산동면사무소까지 가는 내리막길이 시작된다.

없음으로 인해 길손은 아직 한창 때가 맞나 보다.

　난동정류장에서 내려 마을로 들어서면 집과 집, 논과 밭의 허름한 경계를 이루는 돌담 울타리가 지리산 기슭의 산골마을에 들어섰음을 알려준다. 무너지거나 넝쿨진 돌담은 최근 들어선 듯한 별장식 건물의 벽돌 담벽으로 인해 더욱 소담스럽고 마을 어귀의 늙은 적송 몇 그루는 적당히 구부러져 사람의 나이 듦을 위로한다.

　마을 안길을 거슬러 올라 길은 난동갈림길에서 숲으로 들어서며 시작된다. 지초봉으로 들어서는 초입이다.

　계절은 더디 오거나 또는 겨울을 건너 뛰어가버린 듯했다. 소한을 막 지나 대한으로 가는 절기의 햇살은 따스하고 바람은 포근했다. 숲길의 오리나무는 묵은 열매를 매단 채 새싹이 돋고, 진달래도 좁쌀만 한 꽃망울을 틔우고 있다. 숲은 겨울의 한복판에서 봄날의 꿈으로 은밀하다.

길은 갈지之자로 이어진 포장된 임도를 타고 지초봉의 구리재를 넘어 산동으로 간다. 지초봉은 진도 홍주를 빚는 원료로 잘 알려진 지초芝草가 많아서 얻은 이름이다. 하지만 마른 숲에 지초는 보이지 않고 야생 춘란만 시퍼렇게 살았다. 난동마을의 이름이 난초의 난蘭에서 유래한다는 이야기를 겨울 숲이 증명해 보이고 있는 셈이다.

구렁이 꿈틀대는 구리재 가는 길

뒷짐 진 채 걸어도 돌부리에 채이지 않을 만큼 임도는 넓고, 넓은 산길은 무심하다. 마음을 짓누르는 버력더미를 하나씩 내려놓고 걷기에 제격이다. 구리재를 오를 때는 햇볕을 가릴 모자와 무심을 채울 화두 하나쯤은 챙

효동마을에서 바라 본 탑동마을 전경 마을뒷산이 구리재를 넘어온 지초봉이다.

겨야 할 성싶다.

  길은 난동갈림길에서 한 시간쯤 걸려 구리재에 닿는다. 재의 정상에 서면 맞은바라기로 구례읍으로 달리는 견두산 줄기가 기다랗게 뻗어 내려오고 산동의 탑동마을과 건너편 효동마을이 아스라하다.

  구리재는 구렁이를 뜻하는 '구리'에서 가져온 이름이다. 재에 오르는 길의 생김새가 구렁이가 움직이는 것처럼 구불구불 하다 해서 붙여졌다. 난동 갈림길에 들어선 뒤 길은 열두세 번 이상 휘어지고 꺾어진 뒤에야 비로소 재빼기에 닿으니 그럴 만도 하다. 산동까지는 내리막길로 10리 남짓 남겨 놓고 있다.

  내리받이 역시 구렁이 지나듯 구불구불 굽돌이길이다. 휘돌아가는 물살

구례수목원 근처의 계단식 계곡.

같은 길을 따라 굽도는 길섶 굴참나무 아래 작은 돌무덤 두 개가 바람에 젖고 있다. 아기무덤일 터다. 피다 만 꽃처럼 떨어진 아기보다 어린 새끼 몸 위에 돌덩이 몇 개 포개 놓고 허적허적 비탈길을 내려갔을 에미 에비의 발길이 아렸다. 못 잊어 다시 돌아온 어미의 눈물처럼 바람은 그렇게 돌무덤 위를 맴돌았다. 임도를 타고 가는 길에 지리산 구례수목원으로 가는 곁길이 숲으로 이어진다. 난동-산동 구간의 유일한 숲길이다. 1km쯤 되는 거리를 숲길은 계곡과 함께 흐른다.

혹여 숲길을 지나쳐 임도를 타고 내려와도 무방하다. 임도는 지리산 구례수목원에 닿기 전 기후변화테마원과 종자연구소를 지나 계류생태원에서 숲길을 끌어들인 뒤 탑동마을로 내려간다.

낙엽 쌓인 숲길은 바스락거리고 길 따라 흐르는 계곡물은 수정처럼 맑고 모래알은 선명하다. 넓은 임도를 걸으며 무료함에 끄집어내었던 화두

통일신라시대에 조성된 것으로 추정되는 탑동마을의 돌탑.

따위는 다시 집어넣어도 좋을 만큼 숲길은 상큼하다.

산수유나무에 매달린 루비

숲길이 끝나는 곳에서 만나는 구례수목원은 야생화생태공원을 겸하고 있으나 계절은 꽃이 지고 잎도 지는 시간, 어느 봄날을 기약할 수밖에 도리 없다. 대신 탑동마을로 가는 길에 수확의 손길을 비껴간 산수유 열매가 보석처럼 매달렸다.

장석주 시인의 「대추 한 알」은 루비가 된 산수유 열매에 대한 이야기이기도 하다.

저게 저절로 붉어질 리는 없다./저 안에 태풍 몇 개/저 안에 천둥 몇 개/저 안에 벼락 몇 개/저게 저 혼자 둥글어질 리는 없다./저 안에 무서리

내리는 몇 밤/저 안에 땡볕 두어 달/저 안에 초승달 몇 날/…/

– 장석주의 시 「대추 한 알」 중에서

태풍과 천둥과 벼락과 무서리와 땡볕과 초승달이 빚어낸 산수유 열매는 루비를 닮았다.

계류생태원 건너편의 쉼터 아래로 탑동마을이 손에 잡힐 듯 다가서고 바람칼을 세운 솔개는 구름 낀 하늘을 빠르게 가른다.

구리재를 넘어 처음 만나는 탑동마을은 지리산온천랜드로 들어가는 초입에 자리한 마을로 '탑이 있는 마을'에서 이름이 유래한다. 구간의 종점인 산동면사무소와 2km가량 떨어져 있다.

탑동마을에 들어서면 마을의 상징인 돌탑이 울타리에 둘러싸여 보존되고 있다. 통일신라시대 때 조성된 것으로 추정하고 있다. 3층석탑인지 5층석탑인지도 알 수 없을 만큼 무너진 채 방치된 돌탑을 마을 사람들이 최근에 다시 세웠다.

마을 앞으로 만복대에서 발원한 서시천이 구례읍을 향해 남쪽으로 흐른다. 길은 서시천을 가로지르는 효동교를 건너 서시천을 따라 걷다 산동면사무소에서 구간을 마무리한다. 지리산둘레길의 마지막 구간인 산동과 주천 구간이 산동면사무소에서 시작된다. 묵어간다면 탑동마을에서 모텔이나 민박을 이용해도 좋다. 산동의 온천수로 앙당그렸던 몸을 풀고 흑돼지 요리에 산수유 막걸리 한 사발이면, 까짓것 세상살이 별거냐 싶다.

길 안내

난동정류장-난동갈림길(0.7km)-구리재(3.5km)-탑동마을(3.7km)-산동면사무소(1.6km)까지 9.5km에 달한다. 난동갈림길에서 구리재까지의 임도는 가풀막지고 자동차 두 대가 지날 만큼 넓어 산속의 신작로길 같다. 오르막치고는 힘들지 않지만 따분할 수 있다. 소요시간은 3시간 정도면 가능하다.

구례버스터미널에서 남원방면으로 가는 시외버스나 마을버스를 이용하여 난동정류장에서 내리면 된다. 1시간에 1대 정도 오간다. 산동에서 구례버스터미널로 되돌아가는 버스도 1시간에 1대 정도 있다. 산동농협 앞에 버스 정류장이 있고 정류장에서 택시도 쉽게 이용할 수 있다.

산길을 걸으며 내부의 마음 풍경보다 외부의 산천 풍경을 관찰하고 싶다면 겨울철은 적당치 않다. 산수유 꽃 피는 춘삼월이나 산수유 열매 주렁주렁한 늦가을이 제격이다. 탑동마을과 산동면소재지인 원촌마을, 또는 지리산온천랜드 등에 숙박시설과 음식점이 즐비하다. 숙박업소에서는 대부분 지리산 온천수를 사용하고 음식점에서는 붉은빛이 도는 산수유 막걸리를 판다.

탑동마을 유래비와 당산나무.

20구간 산동—주천

산골마을의 눈물은
산수유 꽃으로 피어난다

　　1948년 여순사건 당시, 산동의 열아홉 살 처녀 백부전(본명 백순례)은 "가문의 대를 이어야 하니 오빠를 대신하여 죽으라."는 어머니의 말에 따라 처형장으로 끌려가며 노래를 불렀다.

　　잘 있거라 산동아 너를 두고 나는 간다/열아홉 꽃봉오리 피워 보지 못한 채로/까마귀 우는 골에 병든 다리 절며 절며/달비머리 풀어 얹고 원한의 넋이 되어/노고단 골짜기에 이름 없이 쓰러졌네

　　　　　　　　　　　　　　　　　　　　　　　　　－「산동애가」 1절 가사

　　백부전이 불렀다는 「산동애가」의 한 대목이다. 세월이 지난 뒤 사람들이 노랫말을 다듬고 곡을 붙여 음반을 냈으나 한동안 금지곡으로 묶여 세상에 나오지 못했다.
　　실존인물인 백부전은 악귀의 시대에 죽음이 삶을 대신하던 우리의 슬픈 자화상이다. 큰오빠는 일제의 강제징용으로 죽고, 둘째 오빠는 여순사건으로 처형됐다. 셋째인 막내 오빠마저 여순사건과 관련돼 끌려가게 되자 부전나비같던 어린 소녀가 대살代殺로 '가문의 대'를 이었다.

산동-주천 구간은 '산수유 길'이나 다름없다. 산골마을에 해원화로 피워 봄을 여는 산수유는 울타리도 되고, 가로수도 되고, 정원수도 된다.

산동-주천 구간의 출발지인 산동면사무소 전경.

계척마을의 1,000년 된 산수유 시목 할머니 나무 국가 중요농업유산 제3호로 지정됐다.

구례 산동면사무소에 주차하고 나서는 길을 백발이 성성한 노고단 능선이 지켜보고 있다. 설을 하루 앞둔 섣달그믐날의 겨울바람은 벼린 칼처럼 날이 서고, 눈 쌓인 빈 논에서는 배고픈 겨울새가 인기척에 놀라 하늘로 올랐다. 산동면 일대는 어느 쪽이었고, 어느 쪽도 아니었던 사람들이 목숨줄을 놓지 않으려 했다는 이유로 죽임을 당해야 했던 비극의 현장이다. 죽지 않기 위해 어느 쪽이었고, 살기 위해 어느 쪽도 아니었던 사람들이 면사무소 뒤에서, 학교 운동장에서, 노고단 골짜기에서 개별로 죽거나 집단으로 죽었다. 산동의 상흔은 '다른 날의 생일'이 '같은 날의 제사'로 환치되는 슬픔이다.

면사무소가 있는 원촌마을은 여순사건과 한국전쟁을 겪으면서 전체 가옥의 80%가 전소됐다. 그 시절에도 겨울바람은 세상의 끝에서 얼어붙은 가슴들을 파고들고, 놀란 겨울새는 하늘로 올랐을 것이다.

산동면사무소에서 시작한 길은 당시 국군이 주둔했던 원촌초등학교를 지나 현천마을로 오른다. 견두산에서 뻗어 내려온 지맥이 현玄자를 닮은 데다 마을 앞으로 내川가 흘러 이름 지어진 현천마을은 맞은바라기 노고단과 시각적 눈높이를 마주한다.

1,000년 수령의 산수유 시목

길을 나선지 1시간쯤 지나 길은 현천마을 앞의 저수지 둑길을 따라 연관마을을 거쳐 산수유 시목이 있는 계척마을에 닿는다.

계척마을의 산수유 시목은 중국 산둥山東성의 한 처녀가 구례로 시집을 오면서 묘목을 가져와 심었다는 전설과 함께 1,000년의 세월을 지켜오고 있다. 산동山洞의 지명은 중국 산수유의 주산지인 산둥성에 닿고, 새댁이 심은 묘목은 세월이 흘러 '할머니 나무'로 불린다.

국가 중요농업유산 제3호로 지정돼 보호받고 있는 산수유 시목은 지금도 봄이 되면 노란 산수유 꽃을 활짝 피운다. 매년 3월 하순에 열리는 구례 산수유 축제는 이 할머니 나무에 풍년을 비는 시목제를 올리면서 시작된다.

산수유 시목에는 즈믄해의 연륜이 주는 너그러움과 위엄이 가득하다. 우리네 삶도 저와 같기를 바라며 마른 가지에 매달린 산수유 열매 하나를 입에 넣었다. 천년의 세월이 주는 경이로움이 입안에 퍼진다.

출발지인 구례 산동면사무소에서 목적지인 남원의 주천까지는 온통 '산수유의 길'이다. 가로수도 산수유이고, 정원수도 산수유이고, 울타리도 산수유이다. 마을마다 골짜기마다 산수유 세상이다.

이른 봄날, 세상이 노란 산수유 꽃으로 넘실대면 지리산 산골마을 사람들의 가슴에도 노란 꽃망울이 맺힌다. 설운 눈물이 해원解冤의 꽃으로 피어나는 것이다. 그러지 않고서야 지리산 산골마을이 꽃잎으로 덮인들 그게 무슨 대수겠는가. 봄날의 산수유 꽃이 그리운 또 다른 이유다.

길은 계척마을의 시목광장을 겸하고 있는 이순신 장군의 백의종군로 성곽에서 방향을 틀어 밤재로 향한다. 마을길이 산길로 바뀌고 산길은 가파르게 시작된다.

밤나무 없는 밤재

가는 길에 만나는 수만 그루의 편백나무 숲은 울창하여 무겁고, 그늘져 깊다. 70년대 민둥산 가꾸기 일환으로 구례군에서 조성했다. 나무의자와 평상, 화장실 등이 마련돼 있어 향긋한 피톤치드를 맡으며 다리쉼하기에 제격이다.

중고등학교 시절, 까까머리의 길손이 선생님과 함께 고향 뒷산에 심은 나무들도 이처럼 안녕하여 숲을 이루고 있을 테다. 나무들은 푸르러 숲을 이뤘는데 나무를 심었던 아이들은 어디로 갔을까. 생각의 끝에서 만나는 편백나무 한 그루 한 그루가 저마다 살갑다.

편백나무 숲을 내려서면 길은 19번 국도와 인접한 계곡을 따라 오른다. 1km쯤 이어지는 한 겨울의 계곡물은 수정처럼 맑고, 작은 바위에서 떨어지는 물줄기는 고드름이 되거나 빙벽으로 둘러섰다. 이어 터널을 이룬 대숲을 지나 언덕을 오르면 산마루가 보이는 8부 능선쯤에서 길은 넓은 임도를 만난다.

밤재터널이 뚫리기 전 19번 국도였던 임도는 밤재까지 2km가량 오른 뒤 다시 남원의 지리산유스호스텔까지 3km 가까이 내리막길로 이어진다.

밤재에 올라 되돌아서면 지리산 노고단 능선이 기다랗게 펼쳐지고, 정방향의 건너편으로 겨울 햇살에 빛나는 남원 시가지가 한눈에 들어온다. 출발지 산동면사무소로부터 9km가량 걸어왔고 목적지인 남원의 주천까지는 7km가량을 남겨 놓고 있다. 출발지로부터 3시간쯤 소요됐다.

밤재는 구례와 남원을 가르는 고개로, 서쪽은 견두산이 인접하고 동쪽은 숙성치로 이어진다. 한자로 율치栗峙라고도 불릴 만큼 밤나무가 우거진 탓에 이름이 유래했으나 지금은 밤나무 없는 밤재다.

밤재에서 내려선 응달진 길은 구례에서 오르는 길과 달리 제법 자국눈이 쌓여 발등을 덮었다. 고라니는 어젯밤 이곳에서 자국눈을 밟고 숲으로

구례와 남원을 가르는 밤재.

70년대 구례군이 조성한 수만 그루의 편백나무 숲 어린 나무는 울창한 숲을 이뤘는데 나무를 심던 어린 손들은 어디로 갔을까.

들어갔다는 알리바이 자귀를 숫눈에 남겼다.

밤재에서 1시간쯤 내려오다 보면 길은 지리산유스호스텔 체험학습관을 거쳐 임도에서 벗어난 뒤 산을 오른다. 긴 여정의 지리산둘레길이 주는 마지막 숲길이다. 새롭게 시작한 숲길은 가파르기도 하지만 방전된 에너지로 인해 버겁다. 버거움은 '비우고 내려놓으라.'는 숲길의 언어다.

용궁으로 가는 길

숲길은 아름드리 개오동나무가 군락을 이룬 울창한 계곡을 끼고 용궁마을로 향한다. 어둡고 짙은 숲에서 자체 발광하듯 드러나는 커다란 개오동의 회색 기둥은 마치 상아처럼 밝고 매끄럽다. 봉황이 깃든다는 벽오동도 이곳 개오동 앞에서는 울고 갈 성싶다.

목적지인 주천의 외평마을을 앞에 두고 길손의 발길은 용궁에 닿는다.

지리산둘레길의 출발점인 남원시 주천면의 둘레길 이정표 앞을 1년여 만에 원점회귀했다.

내용궁과 외용궁으로 나뉘는 마을의 내용궁 마을이다. 바람결에 흔들리는 산수유의 흐드러진 꽃이 마치 용궁의 해초가 하늘거리는 모습을 닮았다 하여 용궁이라는 이름을 얻었다. 미처 용궁에 가 보지 못했거나 용궁의 모습이 궁금하거들랑 용궁마을에 가 볼 일이다.

2010년부터 남원시가 '용궁 산수유 축제'를 개최해오고 있다. 용궁에서 열리는 산수유 축제는 생각만으로도 유쾌하다. 하지만 용궁 산수유 축제에 토끼가 참석했다는 말은 아직 듣지 못했으니 별주부는 지금도 지리산 어디쯤을 헤매이고 있을 터다.

용궁마을에는 조선 성종 때 류익경의 효행을 기리는 정려비가 비각 앞에 심어진 300년 수령의 배롱나무와 함께 관리되고 있다. 단지를 하거나 자신의 허벅지 살을 삶아 드렸다는 여타 마을의 효행비 내용과 달리 류익경은 여러 효행 중 '어머니의 똥 맛을 보고 사생死生 여부를 가늠했다.'는 점

용궁마을로 가는 풍경 빈산에서는 숲이 꿈을 꾸고, 빈 논에서는 농심이 꿈을 꾸듯 빈 길에서는 발길이 꿈을 꾼다.

백의종군로 출발지점을 알리는 이순신성의 담벽 산수유 시목지 아래 조성돼 구례에서의 충무공 행적을 글과 그림으로 표현해 놓고 있다.

이 특이하다.

점심때가 지나 출발했던 길이라 땅거미가 질 무렵 지리산둘레길의 시작점이자 마침점인 주천면 외평마을에 도착했다. 지난해 4월 연재를 위해 첫발을 뗄 때처럼 지리산둘레길 안내판 앞에서 완주기념 인증샷을 한 후 때마침 도착한 시내버스에 올랐다. 남원시외터미널에서 산동으로 가는 버스로 갈아탈 심사였다. 사위는 금세 어둑발이 내렸다.

남원시외버스터미널 앞에서 시내버스 기사가 가르쳐준 대로 '산동'행 팻말이 붙은 버스를 이용하여 산동면사무소에 내렸으나 이게 웬일인가 싶다. '산동면사무소'는 반나절 만에 지형지물이 바뀌었고 주차해 둔 승용차는 사라졌다. 아뿔싸! 남원에도 산동면이 있었던 것이다.

시외버스마저 끊긴 탓에 택시를 이용하여 '구례 산동면사무소'에 가까스로 도착한 뒤 지리산온천랜드에서 어둠과 추위로 옹그렸던 몸을 풀었다. 인적 없는 컴컴한 밤에 '남원 산동면사무소'에서 내린 뒤 휴대폰의 손전등까지 켜가며 겪어야 했던 황당함이 금세 온천수에 녹아들면서 추억이 되어간다.

길 안내

산동면사무소–현천마을(1.9km)–계척마을(1.8km)–밤재(4.3km)–지리산유스호스텔(3.2km)–용궁마을(2.0km)–주천(1.9km)까지 15.1km에 달한다. 소요시간은 5시간 정도다. 지리산둘레길의 마지막 구간으로 전남 구례에서 전북 남원으로 넘어가는 길이다. 난이도가 높은 편은 아니지만 구간의 거리가 긴 데다 중간에 음식이나 음료를 파는 휴게시설이 없는 점을 감안해야 한다. 필요할 경우 산동면사무소 소재지인 원촌마을에서 지역 특산물인 산수유를 이용한 건강식품 등 생필품을 구입할 수 있다.

산동–주천 구간은 산수유 길이다. 길을 가다 보이는 나무마다 산수유라고 해도 절반은 정답이 된다. 산수유 꽃이 절정을 이루는 3월 말이나 4월 초, 또는 산수유 열매가 붉게 물드는 가을철에 걷는다면 별천지가 따로 없다.

지리산 산골마을들이 대부분 그렇듯이 마을마다 골마다 여순사건과 6·25 한국전쟁의 아픈 생채기가 남아 있다. 산수유와 함께 그 아픔을 헤아리며 걷는 길이기도 하다.

교통편은 광주에서 출발할 경우 산동면사무소까지 1시간쯤 소요된다. 대중교통은 구례터미널에서 40분에서 1시간 30분 사이에 한 번씩 운행한다. 30분쯤 걸린다. 남원터미널에서는 산동을 지나는 구례행 버스가 있으나 5시 45분 차가 막차다. 소요시간은 50여 분이다.

21구간 **하동읍–서당**

어쩌다 잃은 길이
덤으로 오는 행운이었네

눈은 입춘이 지나고 사나흘쯤 뒤 폭설로 찾아왔다. 서해남부지방에 대설주의보가 내리고 눈 쌓인 차들이 눈 덮인 도로를 기었다. 전날 밤에도 눈은 가로등 불빛을 타고 내려왔다.

승용차 앞 유리창으로 달려와 자진하는 진눈깨비 너머로 산들은 가까이에서 하얗게 빛났다. 산은 길눈에 쌓여 잠이 들고 숲길은 꿈으로 깊어갔다.

산이 잠에서 깨어나기 전에 눈 내리는 숲길을 가고 싶었다. 설산의 그리움이 신열이 되었다. 정월대보름날의 아침, 출발길의 배낭에 방한 자켓보다 더 두툼한 설렘이 담겼다.

하지만 하동의 봄은 절기에 맞춰 서둘러 왔다. 지리산길에 눈은 흔적조차 없고, 산은 이미 깨어 있었다. '눈 쌓인 숲길의 고요'를 '봄날의 꽃구경'이 대신했다.

둘레길 초입의 매실나무 밭에는 갓 핀 매화꽃이 해맑고, 길가 기와집 뒤안에서는 홍매화가 떼 지어 피었다. 섬진강을 사이에 두고 겨울과 봄이 대치하는 입춘의 절기가 그저 경이롭다.

300년 수령의 서당마을 이팝나무 이 나무의 씨를 받아 키운 묘목이 서울로 가 청계천의 가로수가 되었다. 청계천 이팝나무는 호랑이 출몰하던 선대의 땅과 그 땅을 지키며 서울로 간 후손을 그리워하고 있는 늙은 나무를 기억이나 하고 있는지.

하동의 봄은 서둘러 왔다. 길 잃어 우연히 만난 기와집 뒤안의 가득 핀 매화꽃 너머로 하동공원이 보인다.

아다지오 곡조로 흐르는 풍경

'일생을 추위에 떨어도 그 향을 팔지 않는다(매일생한불매향 梅一生寒不賣香)'는 매화의 꽃말이 찬바람에 새롭다. '천 번을 이지러져도 본바탕은 변치 않는다(월도천휴여본질 月到千虧餘本質)'는 달도 오늘 밤에는 본바탕을 드러낼 것이다. 정월대보름의 날에 달 보듯 매화를 본다.

키 큰 사철나무 한 그루가 표지목처럼 서 있는 지리산둘레길 하동안내센터는 언덕마을의 중턱에 (사)숲길 사무소와 함께 자리했다. 안내센터에 들러 코스 안내와 교통편 등 몇 가지 사항을 확인한 뒤 출발한 길은 담벼락 높은 고샅길에서 시작됐다.

안내센터에서 가르쳐 준 길을 머릿속으로 재현하며 발길을 뗐으나 몇 걸음 못 가 금세 길을 잃었다. 호둣속처럼 얽힌 실골목은 가다가 끊겨 막다른 골목에 닿거나 어느 집 앞마당으로 들어섰다.

마을 속길은 휘어졌다 꺾어지고, 꺾어졌다 갈라지며 집과 집을 이어갔다. 이웃한 집들의 마당에는 맑은 햇살이 빨래줄에 널렸다. 뒤돌아보는 길에 맞은바라기 교회 첨탑너머로 하동공원의 누각이 아슴푸레하다. 명징하여 조용한 시골읍내의 시간이 아다지오의 곡조로 흘렀다.

지리산둘레길을 가면서 어쩌다 길을 잃는다는 것은 덤으로 주어지는 행운이다. 인생은 정의할 수 없는 일이어서, 정해진 길에서 얻는 가치보다 정할 수 없는 길에서 얻는 가치가 더 클 때가 있다. 어쩌다 만난 우연이 인생의 가장 멋진 순간이 되듯, 헤매는 발길은 지리산둘레길이 주는 또 하나의 즐거움이다. 지리산둘레길에서는 정해진 길에 애면글면하지 않아도 좋아서 좋다.

고샅을 헤매던 발길이 중동마을회관에 닿았다. 둘레길하동센터에서는 "서동길로 오르다 마을 뒤 큰길을 따라 오른쪽으로 가라."고 했었다. 서동이 아닌 중동이지만 길은 길로 이어지고 차도인 뒤안길은 중동마을회관을 지나 마을이 끝나는 곳에서 오른쪽으로 흘렀다.

눈 쌓이듯 매화는 피어나고

길은 마을과 산을 가르며 산복1길을 따라 하동독립공원을 지나 숲으로 들어선다. 공원은 일제 강점기 하동에서 일어났던 만세운동과 지역 독립운동가들의 항일정신을 기리기 위해 2014년 조성됐다. 공원에 오르면 하동읍 시가지와 너뱅이들녘 너머로 아침 햇살을 받아 은빛으로 흐르는 섬진강의 물줄기가 아스라하다.

오르막 숲길 어귀는 아름드리 도래솔이 사천왕처럼 지켜선 채 하동읍을 내려다보고 있다. 오랜 세월을 견뎌 온 도래솔의 갈라진 보굿 조각들이 어

하동읍 너뱅이 들녘과 들녘을 가로지르는 섬진강.

지리산둘레길 하동안내센터 전경 (사)숲길사무소와 함께 있다.

른 손바닥보다 굵고 크다.

숲길에 들어서면 과수원의 매실나무 가지에 눈 쌓이듯 매화꽃이 피어나고, 길섶 양지엔 노란 양지꽃이 꼬마전구처럼 불을 켰다. 겨울을 지나느라 푸른 멍이 든 개불알꽃도 무리 지어 해쪼이를 하고 있다. 요란한 강바람은 여전히 살을 에는데 봄은 소리 없이 다가와 꽃잎 하나씩 틔어내고 있다.

길은 한 시간쯤 지나 산기슭에 자리한 중앙중학교가 건너편으로 바라보이는 작은 고개를 넘는다. 방학이 끝나고 아이들이 돌아오기를 기다리는 숲 속의 학교는 중세 수도원처럼 고적하고, 학교 옥상 위로 펼쳐진 푸른 하늘은 지나는 흰 구름으로 인해 더욱 푸르다.

잎 말라 갈색으로 변한 산의 좁은 숲길을 푸른 잎의 녹차나무가 채우고 있다. 자꾸만 뒤를 돌아보며 가는 길이다. 둘레길 들머리에서부터 따라온 섬진강 때문이다. 강은 햇빛 하나도 버리지 않고 모두 받아 흘러간다. 아침

율곡마을회관 뒷벽에 주민들이 그린 둘레길 벽화.

햇살에 생선 비늘처럼 빛나던 강은 이제 청옥의 하늘빛으로 물들었다. 강은 사람들이 잠든 지난밤에도 별 빛을 안고 흘렀을 것이다.

내가 새긴 발자국도 뒤돌아본 길에서는 강으로 흐른다. 지나온 길이 아름다운 이유다. 발걸음은 지나온 길을 만들며 앞으로 간다.

캔버스가 된 관동마을의 옹벽

둘레길안내센터를 나선 지 1시간 반쯤 지나 발길은 바람재에 닿았다. 재를 넘어오는 날파람이 고개의 이름을 대신한다. 바람 가득한 숲길에서 바람이 우는지 나무가 우는지 분간할 수 없는 울음소리만 가쁘게 일어섰다 가라앉고, 이어졌다 끊어진다.

고개는 사거리 길이다. 바른 방향은 분지봉으로 가는 길이고 왼쪽은 하동 밤골, 오른쪽은 적량 밤골로 내려간다. 숲길이 끝나고 길은 적량 밤골을

관동마을의 미니 캠핑장.

지나 목적지인 서당마을까지 10리길로 이어진다.

온통 밤나무로 뒤덮인 적량 밤골은 율동마을이라고도 하는데 행정구역 상으로는 율곡마을이다. 마을회관 뒷벽에는 마을 주민들이 직접 그린 둘레길 벽화가 원색의 화려함으로 발길을 붙든다.

지난해 여름, 서당마을에서 하동읍으로 가던 길에 마을회관 앞에서 길을 잘못 들어 땀깨나 흘렸던 기억이 새롭다. '길은 마을회관 앞을 지난다'는 편견이 낳은 결과였다. 율곡마을에서 길은 마을회관 뒤로 이어진다.

마을 앞 작은 저수지에는 늘어진 버드나무 가지와 함께 산 그리메가 담기고, 우람한 플라타너스는 수호신처럼 마을의 초입을 지키며 산골마을 풍경의 화룡점정이 된다.

길은 자로 잰 듯 경지정리 된 계단식 논이 끝없이 펼쳐진 적량 들판을 바라보며 관동마을로 휘돌아 간다.

봄날의 서당마을 이팝나무 이팝나무꽃이 피는 계절에 서당마을의 이팝나무꽃이 보고 싶어 다시 찾아간 적이 있다.

관동마을 길을 가다 보면 콘크리트 옹벽을 이용한 리버스 벽화(Reverse Graffiti)를 볼 수 있다. 마을의 1.5km에 달하는 옹벽에 지리산 주능선이 담겼다. 검게 침식된 옹벽의 표면을 쇠 솔로 닦아내 명암을 주는 방식으로 그린 그림이다. 논둑의 흙막이에 불과했던 옹벽이 캔버스로 변했다.

옹벽의 벽화가 끝나는 곳에는 '관동마을 미니 캠핑장'이 마련돼 있다. 마을 주민들이 캠핑족을 배려하여 전망 좋은 곳에 설치한 공간이다.

서울 청계천으로 간 이팝나무

길손은 관동마을에서도 길을 잃고, 잃은 길에서 태극기를 만났다. 마을회관 앞에서 왼쪽으로 가라는 이정목을 보지 못하고 직진하여 마을 안으로 들어선 길이다. 잘못 든 길에서 만난 마을은 집집마다 태극기를 내걸었다. 몇 년 전 모범마을로 선정된 뒤부터 이를 축하하는 뜻으로 일 년 내내 게양

하고 있다.

주민들의 긍지인 태극기에 대통령 탄핵정국에서 극우의 상징이 되고 있는 태극기가 오버랩 됐다. 같은 태극기에서 함께할 수 없는 이미지가 상충했다. 발길이 무거워지는 것은 길을 잃어서가 아니다.

관동마을을 지난 길은 밀림처럼 들어선 서어나무 군락지와 상우마을을 거쳐 서당마을회관에 닿는다. 서당마을에는 덫을 놓아 호랑이를 잡았다는 '함덧거리'가 사라져간 생명에 대한 추모비처럼 지명으로 남아 있다.

서당마을회관이 손에 잡힐 때쯤, 길옆 논둑에 선 나무 한 그루가 늙은 몸으로 길손을 맞는다. 300년 수령의 이팝나무다. 목숨을 부지하는 일이 주린 배를 채우는 일이었던 시절에 사람들은 이팝나무의 꽃에서 밥그릇 가득 올려진 하얀 쌀밥을 보았다. 꽃이 밥으로 보였던 애옥살이의 아픈 기억을 늙은 이팝나무에서 읽는다.

봄마다 하얀 꽃으로 장관을 이루는 서울 청계천의 이팝나무 가로수는 이곳 서당마을 이팝나무의 씨를 받아 키운 묘목을 옮겨 심은 것이다. 청계천 이팝나무는 호랑이 출몰하던 선대의 땅과 그 땅을 지키며 서울로 간 후손을 그리워하고 있는 이 늙은 이팝나무를 기억이나 하는지.

손끝에 머무는 바람은 여전히 시리고, 살눈 내리는 날이야 며칠 더 있겠지만 봄은 마을회관 옆 길섶에도 파랗게 스며들고 있다. 파아란 개불알꽃 한 송이조차 어찌하지 못하는 겨울바람이 마을회관의 낡은 깃발에 걸려 휘모리로 울고 있다.

길 안내

하동읍–바람재(2.5km)–율곡마을(2.0km)–관동마을(0.4km)–서당마을(2.4km)까지 7.3km에 달한다. 소요시간은 3시간 정도.

지리산둘레길의 '삼화실–대축' 구간에 포함된 지선이다. '삼화실–대축' 구간의 본선과 만나는 지점인 서당마을회관을 기점으로 삼아 하동읍으로 넘어가거나 반대로 하동읍에서 서당마을로 간다.

산길은 구릉처럼 낮은 데다 바람재까지의 산길을 지나면 나머지는 포장길로 이어진다. 가볍게 산책하듯 걸을 수 있는 구간이다. 중간에 음료 등을 구입할 수 있는 휴게시설은 없다.

교통편은 승용차를 이용할 경우 광주에서 하동읍까지 1시간 40분쯤 소요된다. (사)숲길사무소(055–884–0850)나 하동 청소년 수련원 등의 주차장을 이용할 수 있다.

하동터미널(1688–2662)에서 서당마을까지는 하루에 3차례 마을버스가 오가며 20분쯤 걸린다. 서당마을에서 하동읍으로 원점회귀 할 때 콜택시 요금으로 9천 원을 지급했다. 다슬기나 재첩 요리를 하는 식당이 많다.

율곡마을 율곡정 정자와 돌탑.

22구간 목아재-당재

구름도 사람도 쉬어가는
새둥지 같은 마을회관

미처 분광되지 못한 아침 햇살이 흑백의 수묵화로 세상을 그려내고 있다. 첩첩한 능선을 경계로 산은 다가설수록 확연하고 물러날수록 모호한데, 산안개는 다가선 마을에서 짙었다.

산은 페이드인 되는 연극무대처럼 모호함에서 확연함으로 느리게 깨어나고 있다. 햇살이 프리즘을 통과할 때쯤이면 길손은 저 산 어디, 숲길을 홀로 걷는 배역으로 무대에 오르게 될 것이다.

삼월의 첫날, 지리산둘레길의 한 기점인 구례군 토지면 송정마을을 들머리 삼아 목아재로 가기로 했다. 목아재는 둘레길로 이어지는 송정마을과 기촌마을의 중간쯤에 있는 고개다.

길은 별장과 펜션이 들어선 송정마을 어귀를 지나 곧바로 개울의 징검다리를 지나면서 시작된다. 길섶 양지에는 개불알꽃이 한창이고 매화나무는 폭죽처럼 꽃잎을 터트리며 축제를 벌이고 있다. 잠깐 돌아서 먼데 산 한번 보고 나면 진달래도 생강나무도 금세 제 세상으로 피어나고, 안도현 시인의 말마따나 벚나무도 꽃피어 '술에 취한 건달같이' 산길을 갈 것이다.

그렇다고 하여 봄이 꽃으로만 오는 것은 아니다. 얼음 풀린 계곡에서는 점보다 작은 피라미 새끼들의 아가미로 지리산물이 처음 들어가고, 먼 산

'구례화엄사 IC'에서 바라본 노고단 능선 분광되지 않은 아침 햇살은 세상을 수묵화로 그려내고 산은 따스한 입김으로 마을을 깨운다.

지리산둘레길을 마무리하는 당재에서도 길은 변함없이 이어졌으나 길은 더 이상 상관을 잃었다. 상관을 잃은 길이 인연으로 상관이 되길 바랐다.

에서는 초록이 해일처럼 일어서는데 발밑에서는 어린 쑥이 생글하다. 보굿 두터운 굴참나무도 귀를 갖다 대면 물관을 타고 흐르는 봄의 왈츠가 들려 올 것만 같다.

꺾을 수 없는 진달래의 꿈

돌계단이나 작은 암릉길인 목아재 오르는 길에는 키 큰 진달래가 숲을 이루고 있다. 잎이 돋아나기 전에 꽃이 먼저 피는 진달래는 소소리바람에 흔들리면서도 가지마다 꽃봉오리를 매달았다.

오르는 길이 힘들어 무심결에 진달래 꽃가지 하나 잡아 당기다 얼른 놓았다. 어떻게 견뎌 온 세월인데, 어떻게 맺은 꽃망울인가. 힘든 길이야 쉬어가면 될 테지만 가지 꺾인 진달래의 춘삼월 꿈을 어찌하랴 싶었다.

산길엔 필요한 곳마다 군데군데 갈개가 만들어졌다. 질퍽한 산길의 불편을 아는 이의 수고로움이다. 누군가는 뒤에 올 사람을 위해 갈개를 만들고, 누군가는 자신의 수월함을 위해 삼월의 꽃가지를 꺾는가. 갈개는 만들

목아재의 이정목과 길 안내판.

지 못하더라도 꽃가지를 꺾는 손은 되지 않도록 순간의 시간을 버텨준 꽃가지가 고맙다. 능선을 지나는 바람이 서늘타.

목아재로 가다 보면 산 오른쪽 아래 키 작은 잡목 사이로 섬진강이 숨바꼭질하듯 구불구불 흘러 화개로 간다. 가까이에서 반짝이던 강은 멀어질수록 희미해지다 마침내 하늘에 닿아 긴 흐름을 다한다. 강이 흐름을 끝내고 하늘과 하나 되는 곳에 화개동천이 있을 것이다.

송정마을 아래 섬진강변의 폐교를 이용해 만든 부산시 수영구수련원 입구에서 출발한 지 두 시간쯤 걸려 목아재에 발길이 닿았다.

사람은 가고 바람만 남은 목아재

바른 방향은 구례 토지면의 끝 동네인 외곡리 기촌마을을 넘어 화개면의 법하마을로 이어지고, 목적지인 당재는 8시 방향의 넓은 임도를 타고 20리길을 간다. 고개에 서면 멀리 왕시루봉과 황장산이 까마득하다. 산들이 둘러서 내려온 곳에 남산마을과 평도마을, 농평마을 등 이웃한 산골마

목아재에 서면 건너편으로 황장산(오른쪽)과 왕시루봉이 다가서고 발아래로 평도마을과 농평마을 등 산골마을이 옹기종기 펼쳐진다.

을들이 옹기종기 펼쳐진다.

노고단과 삼도봉에서 남쪽으로 내달리던 2개의 능선이 각각 왕시루봉과 황장산으로 솟은 뒤 섬진강으로 스며든다. 왕시루봉이 토지면에 속한 반면 마주하여 달리는 황장산은 구례와 하동의 경계를 이룬다.

지리산둘레길은 이러한 능선과 봉우리를 넘나들며 간난의 삶을 이어가던 사람들의 이야기를 듣는 길이기도 하다.

산짐승처럼 목숨을 짊어지고 고개를 넘던 사람들도 목아재에 올라서서 맞은바라기의 능선과 산봉우리를 바라보며 쉬어갔을 테다. 사람은 가고 바람은 남는가. 시린 목숨들이 넘던 고갯길에 인적은 없고 바람만 남아 길손을 맞는다.

멀리 발아래로 펼쳐진 마을들이 정면에 일직선으로 놓이는데, 바로 가지 못한 길은 굽이굽이 돌아가고 꺾어간다.

돌아가는 길섶 숲에서는 물오른 고로쇠나무들의 맑은 수액이 하얀 비닐봉투에 한 방울씩 흘러 담기고, 꺾어가는 길의 깊은 들숨엔 새싹들의 연초록 배냇내가 섞인다. 가끔씩 응달진 언덕의 작은 빙벽이 햇빛에 날카롭게 빛나기도 하지만 봄날의 숲 사이로 오가는 새들의 날갯짓은 한결 여유롭다.

당치로 가는 된비알길

건너편에는 피아골에서 흘러내려온 내서시천이 둘레길을 지나 쉬엄쉬엄 섬진강으로 가고, 이용객 없는 천변부지의 '지리산피아골 오토 캠핑장'에는 한낮의 햇살만 소란하다.

남산마을에 닿기 전 내서시천길의 매실나무 밭에서 가지치기가 한창이다. 잘려나간 애채는 수두꽃 같은 망울을 간직한 채 그늘 아래 누웠다. 어떤 가지는 누워서 꽃이 피었고, 누운 가지 위로 산가지의 꽃이 한창 피어나고 있다.

목아재에서 한 시간쯤 걸려 도착한 남산마을은 남산교를 지나 곧바로

3월 초순이면 지리산 산골마을마다 고로쇠물 채취가 한창이다.

평도마을로 이어진다. 내서시천이 아래로 흐르는 남산교를 사이에 두고 '토지초등학교 연곡분교'와 '피아골 단풍공원'이 자리하고 있다. 공원 같은 분교와 학교 같은 공원은 적당히 작으면서도 적당히 떨어져 서로 간섭하지 않는 친밀함으로 마주한다.

　마을의 형세가 '서울 남산을 닮았다.'는 데서 남산마을이 유래하고, '평평하다.'해서 평도마을의 이름이 지어졌다고 쓰인 마을표지석의 글은 평이하다.

　길은 평도마을에서 피아골로 들어서는 연곡사 방향으로 10여 분쯤 걷다 3거리에서 당치마을 이정표를 따라 오른쪽 오르막길로 들어선다. 당재까지 3km쯤 되는 구간으로 포장된 마을길은 가파르다. 브레이크를 밟고 내려오는 차량들의 타이어 닳은 냄새가 가풀막진 도로에 짙게 깔린다. 길옆으로는 실개천인 당치천이 내서시천으로 빠르게 흘러가고, 흐르는 계류 따라

구름도 쉬어가는 당치마을회관 구름보다 가벼운 산골마을 사람들의 쉼터다.

민박과 펜션들이 쉼 없이 들어섰다.

새둥지 같은 마을회관

당재를 1km쯤 남겨놓고 경로당을 겸하는 당치마을회관이 높다란 우듬지에 튼 새둥지처럼 산마루에 얹혔다. 산마루의 마을회관에 지나던 구름이 쉬어가고, 구름보다 가벼운 산골마을 사람들도 쉬어간다. 보이는 산들마다 발아래에서 머리를 조아리는 까마득히 높은 산골마을에 까마귀의 울음소리가 높은 옥타브로 울려 퍼진다.

마을회관을 지난 길은 당치마을을 넘어 한참을 오르다 농평마을 어귀에서 오른쪽 숲길로 들어선다. 숲길에 들어서는 이정목이 없어 습관처럼 임도를 따라 오르다 보면 자칫 농평마을 안으로 들어서는 경우가 있다.

농평마을 초입에서 당재까지의 한 마장 남짓한 숲길은 언제 깔닥이는 숨결로 된비알길을 넘어왔느냐는 듯이 완만하다. 평온한 숲길은 당재에 닿기까지의 험난한 이력을 잠시 지운다.

둘레길의 마무리 구간으로 삼은 목아재–당재 지선 구간의 종점인 당재, 그 이정목 앞에서 길손은 더 이상 갈 곳이 없는 사람처럼 긴 날숨으로 섰다. 당재에서도 길은 화개 목통마을로 넘어가고, 오른쪽 황장산으로 변함없이 생명을 이어갔으나 주관이 소멸된 길은 객관으로 상관없이 흘렀다.

지리산둘레길을 마치고 되돌아오는 길에 더 이상 상관없는 길이 어느 날 인연으로 다가오길 바랐다.

길 안내

수영구수련원-송정마을(0.4km)-목아재(3.3km)-남산마을(4.4km)-평도마을(0.3km)-당치마을(1.9km)-농평마을(1.1km)-당재(0.4km)까지 8.5km에 달한다.

소요시간은 목아재에서 당재까지는 4시간 정도면 가능하지만 수영구수련원에서 시작할 경우 2시간 정도를 추가해야 한다. 당재에서 평도마을까지 다시 되돌아오는 시간까지 포함할 경우 7시간 정도는 감안해야 한다.

지리산둘레길의 '가탄-송정' 구간에 포함된 지선이다. 목아재는 화개장터와 인접한 구례 토지면의 외곡리 기촌마을에서 송정마을로 넘어오는 구간의 중간쯤에 있는 고개이다. 어느 방향에서 출발해도 무방하지만 목아재까지 차량 이동은 불가하다. 당재를 출발점으로 삼을 경우 당재 턱밑의 농평마을까지는 차량으로 오를 수 있다.

송정마을이나 기촌마을에서 목아재까지는 2시간이면 오를 수 있고 가장 힘든 구간인 평도마을에서 당재까지는 1시간 30분쯤 소요된다. 당재에서 당치마을까지는 천둥지기 농로를 이용한 '당치 오솔길'도 샛길로 조성돼 있다. 당재에 오르는 길은 포장 임도를 이용하고 되돌아오는 길에 오솔길을 이용하는 것도 한 방안이다.

평도마을에서 피아골과 당재로 오르는 3거리.

시간이 된다면 펜션이나 민박 등 숙박시설이 즐비한 평도나 당치마을, 또는 농평마을에서 하룻밤 묵어 가기를 권한다. 지리산 밤하늘의 별 기운과 함께 주민들이 직접 채취한 고로쇠물을 뼈가 미소 지을 때까지 마셔 보는 것도 괜찮다. 뒷날 연곡사와 피아골에 발자국을 찍는 일은 덤으로 주어지는 기쁨이다. 평도마을에 음료를 파는 상점과 커피숍이 있다.

광주에서 승용차를 이용할 경우 구례시외버스터미널(061-789-2730)까지 1시간 20분가량 소요된다. 광주-대구고속도로를 이용한 뒤 남원 JC에서 순천-완주 고속도로를 거쳐 구례화엄사 IC로 빠져나온다. 원점회귀를 위해 승용차를 송정마을이나 기촌마을에 주차한 뒤 출발하는 것이 편하다.

둘레길에서 만난 '라' 카페의 이색적인 풍경.

구례시외버스터미널에서는 송정마을이나 기촌마을까지 1시간에 1대씩의 버스가 운행된다고 보면 된다. 되돌아오는 길은 평도마을의 내동보건진료소 옆 버스정류장을 이용하면 되는데 배차간격은 1시간 터울이다.

숲길을 나서며

각기 다른 길이 하나로 이어지던 날
길은 내 안의 강이 되어 바다로 간다

연극인들은 무대에서 공연하다 죽는 것을 꿈꾼다고 한다. 지리산둘레길을 가면서 연극인들의 소망처럼 '숲길을 걷다 죽는 일도 꽤나 괜찮을 것 같다.'는 생각이 들었다. 숲길을 걷다 죽으면 나무가 되거나 바위가 될 것 같았다. 어쩌면, 한 일 년쯤 더 걸으면 죽지 않고 살아서도 나무가 될 수 있을 것만 같았다.

나무가 될 바에야 사철 푸르는 소나무보다는 봄 여름 가을 겨울의 순환하는 계절에 순응하여 살아가는 그런 나무가 되고 싶었다. 구례의 당동마을이나 남원의 용궁마을에 닿기 전 숲길에서 보았던 키 큰 개오동나무가 되어 여름날엔 날짐승 불러 모아 그늘 아래 노래하게 하고, 겨울날엔 밤새 내리는 눈발을 맞으며 허허로움에 몸부림쳐도 되리라 했다.

숲길에서 길손의 영혼은 가벼웠고, 화장하지 않는 선함은 선명했다. 낯설지만은 않은, 그러나 붙잡을 수 없었던 또 다른 내가 그 숲길에 있었다. 숲길의 내가 상하지 않고 세상에 가 닿기를 소망했다.

꿈이 나무로 깊어갈 때쯤, 지리산둘레길은 예정된 종점에서 종점을 의심하며 끝났다. 의심은 산길을 벗어나고 다시 온 토요일 아침, 배낭을 챙기지 않아도 된다는 여유를 느끼면서 상실의 실체가 되었다.

대축마을에 닿기 전의 고갯길 아래로 운무 속 섬진강이 모래톱을 부려놓고 길처럼 흐른다.

인월-금계 구간의 등구재 넘어가는 숲길 내게서 길을 보고, 길에서 나를 보는 숲길은 적막했고, 적막의 끝에서 비리고 떫은 성정이 가을날의 홍시처럼 순치되길 바랐다.

꽃 한 송이 피어내는 것은

2016년 4월 첫날, 남원의 주천에서 시작한 길이 해를 지나 2017년 3월 1일 구례의 당재에서 마무리되었다. 한 해의 흐름을 지리산과 함께할 수 있었다.

세상의 시간은 가파르게 흘렀다. 최고 권력자의 국정 농단과 그 권력의 추함을 불태우는 촛불이 수백만의 꽃송이로 피어났던 시간들이었다.

권력은 촛불 아래 그림자처럼 흔들렸고, 마침내 꺼졌다. 2017년 3월 10일 오전 11시 24분. 기억하고 싶었던 시간이 벌써 '어제'가 됐다. '피청구인 박근혜를 파면한다.'는 이정미 헌법재판소장의 선언이 '희망'의 언어를 대신했다. 권력이 희망이 되길 기도했다. 그럴 수 없다는 것을 알면서도 권력이 흙탕물에 핀 연꽃이길 바랐다.

돌아보건대, 권력의 시간은 화려했지만 꽃 한 송이 피어내지 못했고, 숲길의 시간은 소리 없이 흐르면서도 꽃 한 송이 제때에 피어내는 것을 잊지 않았다.

지리산둘레길 스물두 개의 구간은 각각의 사연을 안고 흐르는 하나의 길이었다. 지리산 고리봉에 떨어진 빗방울 하나가 남원의 람천이 되고, 람천은 함양에서 엄천강을 이루어 흐르다 산청에서 다시 경호강이 되어 낙동강으로 가듯, 그리움은 남원 장항마을의 400살 먹은 노루목 당산 소나무에서 하동 대축마을의 600살 된 문암송으로 흐르고, 선비의 자존심은 산청의 남명 조식 선생에게서 구례의 매천 황현 선생으로 이어졌다.

상전벽해桑田碧海가 벽해율전碧海栗田으로 바뀐 오래된 땅에서 사람들은 밤꽃처럼 순박했지만 역사는 잔혹했다. 람천의 바위는 왜구가 흘린 피로 붉게 물들었고, 달뜨기 능선으로 숨어들던 빨치산들은 지리산의 흙이 되었다. 관군에 쫓겨 온 동학의 이름 없는 목숨은 산청의 중태마을 골짜기에서 부릅뜬 눈으로 죽고, 이념이 삶을 지배하던 시대에 산동의 열아홉 살 소녀 백부전은 오빠를 대신해서 처형장으로 걸어갔다.

그러고 보니 인월 중군마을의 날달걀을 먹으라고 건네주던 할머니도, 버려진 자전거 바퀴살로 물레방아를 만들어 놓고 등물이라도 하고 가라던 서당마을 뒷골의 할아버지도, 정돌이 민박집의 진돗개도, 섬진강의 수달도 다들 안녕하신지 모르겠다.

구룡치, 등구재, 목아재, 구리재, 밤재 등 넘어야 할 삶의 무게 같던 수많은 치와 재의 고개들과 그 고갯길을 함께 넘어주던 바람은 어디쯤 지나고 있으며, 대축마을 민박집에서 창문을 두드리는 빗소리를 들으며 홀로 막걸리 잔을 기울이던 시간은 또 어디쯤 흘러가고 있을 텐가.

내 안에 흐르는 강

길은 계절에 상관없이 적막했고, 적막해서 깊었다. 적막하고 깊은 길에서 목숨들은 주어진 역할에 충실했고, 길은 내버려둠으로써 주관했다. 숲길에서 만나는 시간은 엄정하여 경외로웠고, 길손도 한 마리의 숨 탄 것에 불과했다.

그 길에서 나는 퍼즐조각을 맞추듯 생각의 편린들을 이어가며 숲길의 적막에 닿고자 했다. 적막에 닿은 내 영혼이 맑은 날 빨래 마르듯 말라 자유롭게 날리길 바랐다. 더러 유치하여 비리고, 까칠하여 떫은 성정이 가을 햇살에 빛나는 홍시처럼 순치되길 희망했다. 늙은 서어나무나 개오동나무만큼은 아닐지라도 지친 새 한 마리 가슴팍에 깃든다면, 더 바랄 게 없는 숲길이었다.

숲에서 나를 보고, 내게서 숲을 보는 길이었다.

하지만 편린들을 모아 글로 꿰는 일은 쉽지 않았다. 둘레길의 고개를 넘는 일보다 힘들었다. 구간이 늘어나고 시간이 지날수록 발은 숲길에 익숙해졌으나, 그럴수록 글은 낯설지 못해 애달았다. 문장이 되지 못한 단어들이 어지러이 휘날렸고, 휘날리는 단어들을 문장으로 잡지 못한 날에는 책상 앞의 손이 산길의 발보다 더디었다.

지금 이 순간에도 문장으로 잡히지 않은 단어들이 슬라이드 사진처럼 계곡의 물소리로, 칡꽃의 향기로, 긴장했던 멧돼지의 흔적으로, 용서가 서러운 방곡마을의 한으로, 하동시외버스터미널의 비릿한 재첩 국물로 날린다.

이제 지리산둘레길의 시간은 내 안에서 맑고 깊은 강줄기 하나 이뤄 바다로 가고 있다. 강은 흐르고 흘러 전설이 될 것이다. 그 시간들의 축복에 감사한다. 연재를 시작하며 건넸던 인사말을 다시 드린다. 나마스테!

지리산 기슭의 오래된 땅에서 사람들은 순박했지만 역사는 잔혹했다. 왜구가 흘린 피의 흔적이 남아 있는 인월 람천의 피바위에 진달래꽃이 붉게 피었다.

마적도사와 아홉 마리 용의 전설을 안고 있는 엄천강이 용유교 아래로 흘러 경호강으로 간다.

길 안내

'헤매는 발길'이 아름답다

길 찾기

지리산둘레길 길 찾기는 어렵지 않다. 나무로 만들어진 장승형의 둘레길 이정목에는 붉은색과 검정색의 두 가지 화살표가 새겨져 있다. 이정목에는 구간별 거리표시와 함께 위치번호가 표시돼 있어 응급상황에 대처할 수 있도록 하고 있다.
순례를 목적으로 하지 않더라도 같은 색의 화살표를 줄곧 따라가면 목적지에 닿는다. 붉은색은 남원-함양-산청-하동-구례-남원으로 이어진다. 검정색은 역방향이다. 둘레길 중간에 녹색 화살표가 있다. 녹색 화살표는 서당-하동읍과 목아재-당재의 지선 2개 구간에만 있다. 둘레길 표시는 갈림길의 도로에도 그려져 있다.
그래도 길을 잃을 수 있다. 다음 이정목이 30여 분이 지나도 나타나지 않을 때는 정해진 길에서 벗어나 잠시 행운의 길을 맛보고 있다고 여기면 된다. 둘레길에서는 길 잃을 권리가 있고 길 잃음은 특별한 이에게만 덤으로 주어지는 행운이다. 가요에서는 '헤매인 여자'가 아름답고 둘레길에서는 '헤매는 발길'이 아름답다.

교통 및 숙박 정보

둘레길이 속한 5개 시·군의 시외버스터미널에서 마을버스를 이용하는 것이 기본이나 구간에 따라 마을버스의 배차 간격이 두 세 시간을 넘는 경우도 있다. 사전에 이들 시외버스터미널로 배차 시간을 문의하거나 해당 구간이 속한 둘레길 안내센터, 해당 시군의 문화관광과 등에 문의한 뒤 계획을 세우는 것이 좋다. 배차 시간은 하절기와 동절기가 다르다. 필요할 경우 구간마다 팻말로 부착돼 있는 연락처를 통해 콜택시나 개인택시를 이용할 수도 있다.
둘레길에는 민박이나 펜션 등이 들어서 있지만 구간에 따라 숙박시설이 없는 곳도 있고 성수기에는 사전 예약이 필요하다.
가능하다면 민박을 권한다. 어둠이 내린 산골 민박집에서 별을 헤며 하룻밤을 나는 것도 지리산둘레길이 주는 깊은 맛의 하나이다. 비성수기에는 고갯길에 나뭇잎처럼 걸려 있는 민박집 전화번호로도 충분히 예약 가능하다. 민박마다 샤워시설이 갖춰져 있고 지역의 특산물이 반찬으로 오르는 아침 밥상은 정성스럽다. 물론 막걸리를 곁들인 저녁식사도 가능하다.

둘레길 안내센터를 이용할 경우 보다 자세한 정보를 얻을 수 있다. 교통수단뿐만 아니라 숙박시설 등을 포함한 둘레길의 여러 유익한 정보를 얻을 수 있고 현장에서는 쉬어 갈 수도 있다. 다만 월요일은 휴무다. 치밀한 사전 계획이 필요한 여행자는 인터넷 지리산둘레길(jirisantrail.kr)도 유용한 정보가 될 수 있다.

하지만 여행은 편안함을 누리는 것이 아니라 불편을 감내하는 것이다. 여행의 본질은 낯설음이고 낯설음은 불편함이기 때문이다. 추억이 별이 될 수 있다면 별은 불편함으로 빛나는 행성이다. 일단 시외버스터미널까지만 가라.

준비물 및 수칙

어느 구간을 가든지 식수와 간식이 필요하다. 특히 여름철엔 여분의 식수와 염분을 보충하기 위한 죽염 등을 지참해야 한다. 구간에 따라 민박이나 펜션, 간이 휴게소 등이 있으나 이들 시설은 대체로 구간의 처음과 끝에 있기 마련이다. 공중급유 하듯이 중간중간 자가보충할 수 있는 간식이나 식수는 필수다. 여벌의 옷이나 햇볕을 가릴 수 있는 모자 등은 기본이다.

지리산둘레길을 가다 보면 밤이나 감나무, 매실 등의 과수원과 고사리밭 등을 자주 지나게 된다. '애써 가꾼 농작물이니 손대지 말라.'는 표식이 아니더라도 길손이 지켜야 할 첫 번째 수칙은 주민들에게 피해를 주지 않는 것이다.

산길을 가다 보면 멧돼지 등 야생동물의 흔적을 종종 보게 된다. 배낭에 방울이나 종을 매달아 나의 존재를 알리는 것도 멧돼지나 뱀 등 대면이 불편한 생명들과 조우를 회피하는 한 방안이다.

발문

지리산둘레길의 글탑
―『걸으면 행복해지는 지리산둘레길』

김 종 시인

　어떤 곳은 실타래를 감아들듯이… 어떤 곳은 폭포가 쏟아지듯이… 어떤 곳은 나풀나풀 나비가 날아가듯이… 어떤 곳은 열세 살짜리 소녀가 팔짝팔짝 고무줄놀이를 하듯이… 세상에서 제일 바쁠 것 같은 조영석 실장이 지리산 풍경들을 보따리, 보따리 이야기로 묶어서 덩실한 노적가리를 쌓았다.

'기행'은 '간산看山'과 '관수觀水'의 혼융
　나라에는 명재상이 있고 언론사에는 명편집국장과 명칼럼니스트가 있는 법. 〈무등일보〉는 광주의 새벽을 열었고 「조영석 칼럼」은 많은 독자들에게 사랑을 받으며 아침시간을 기다리게 했다. 조영석은 그야말로 써내는 죽죽 명칼럼이었다. 내가 아는 조영석은 떡잎 시절부터 '될성부른' 기자였다. 고등학교 교사나 다른 분야로도 진출할 수 있었던 그가 한사코 고집한 직장이 신문사였다. 기어이 〈무등일보〉의 합격 소식을 듣고 인사를 온 제자 조영석에게 내가 던진 당부는 자못 아팠을 것이다. "언론에서 살아남으려면 뭐니 뭐니 해도 문장으로 승부해야 한다. 좌고우면 하지 말고 문필 실력을 닦아야 자신의 위치에서 성공할 수 있다. 글을 못 쓰는 기자란 상상할 수도 없다. 이건 지방·중앙이 따로 없다. 자네의 결심이 서 있는지는 묻지 않겠다." 그 후 그는 내가 보낸 당부 이상으로 기자로서의 능력을 인정받으며 자신의 그늘을 넓혀 나갔다. 밤 시간을 남몰래 밝히면서 자신만의 피나는 노력이 있었음은 말할 것도 없다.

기자는 누구인가? 사통팔달한 기사를 써서 독자와 실전에서 만나는 사람이다. 청년 시절의 조영석은 기자로서 독보적이었다. 세상의 오만 가지 사건을 그만의 프리즘을 투과시켜 똑같은 사실도 감동적으로 보도할 줄 아는 특출함을 보여 왔다. 5월 광주항쟁이 끝나고 10년도 채 되지 않아 어디서부터 무엇을 어떻게 다루어야 할지가 막막하던 때, 고故 최병연 형(당시 〈무등일보〉 편집국장이고 지역의 존경받는 언론인)께서 당시로는 쉽게 접근하기 어려운 과제를 그에게 맡기고 내심 초조한 맘으로 지켜보고 있었다. 언론사 무등일보의 명예와 조영석의 기자로서의 능력의 크기가 저울추에 오른 시간이었다. 그야말로 노심초사 끝에 내보인 기획물이었는데 조영석의 맹활약으로 제대로 풀려나가자 "조영석에게는 어떤 일을 맡겨도 마음을 놓겠다."며 환호작약하던 최병연 국장의 모습이 아직도 눈에 선하다. 조영석 또한 이 글을 엮어내기 위해 많이 힘들었을 테지만 내색 한 번 하지 않고 '성공적'이라는 평가를 받으며 연재를 마칠 수 있었다. 후일담에 조영석은 고생은 했지만 그때만큼 행복했던 시간도 없었다고 고백한 바 있다.

뭐랄까? 조영석은 그런 사람이다. 아무리 힘들어도 묵묵하게 제 길을 가는 믿음이 큰 사람이다. 그 후 데스크를 맡고 편집책임자가 되면서 자신만의 고정란을 매번 종횡무진 명칼럼으로 채워 나갔다. 남의 일이라 쉽게 보이지, 매번 그러기가 어디 쉬운 일인가? 신문사를 그만두고 여러 기관에서 본부장 등의 직책을 거쳐 지금은 한국광기술원의 감사실장으로 소임 중인 그가 또 큰일을 내고 있다. 배낭을 메고 둘레길 답사에 나선 것이다. 땀을 뻘뻘 흘리며 대자연과 눈 맞추고 가슴을 맞대며 큰 걸음을 내딛는 그의 또 다른 모습이 상상 중에 그려진다. 그는 이 책에서 지리산둘레길을 걸으며 그의 대단한 문장으로 글탑을 쌓았다. 풀잎을 흔들고 가는 바람 소리까지 주저리주저리 엮어 글탑이 어찌나 우뚝한지… 그런데도 요지부동이다.

기행문은 여행에서 듣고 본 것을 기록한 글이다. 한자 '기紀'는 벼리다維, 기록하다, 다스리다, 세월, 법, 터 등 많은 것들을 함의하지만 '처음'이라는 의미도 지닌 말이다. 작가 조영석은 첫사랑 같은 생의 무지개길, 둘레길을 걸으며 자신의 느낌들을 한 땀 한 땀 바늘로 새기는 자별함을 보이고 있다. 요즘 스마트폰에 만보기라는 앱이 있어서 그날그날의 걸음수를 일기를 쓰듯이 기록해 가지만 조영석은 한 걸음, 한 걸음 옮길 때마다 심장의 박동 소리를 수를 놓듯이 기록하고 있다. 그같이 기록된 그의 걸음걸이의 그래프를 보면 그가 걸었던 길의 곡선이 형태를 드러낸다. 무심코 걸었을 뿐인데 많은 걸음들이 모여서 능선의 높낮이처럼 웅장하게 글탑을 쌓은 것이다.

작가 조영석은 둘레길에서 산과 물을 친구 삼아 새로운 시야를 열고 있다. 일종의 개안開眼이다. 거기에 덤으로 얻어진 자연과의 언어들을 도란도란 속삭임처럼 들려준다. 때로는 무심코 걷는데 슬그머니 바람과 짐승들이 동행한 때도 있었다고 한다. 바람 소리와 짐승들의 호흡 소리와 동행하던 때가 그리 좋았다는 조영석의 지리산둘레길 여정은 사실상 강행군이었다. 그러면서도 생의 휴식처럼 다가온 자연이 좋아서 걷고 또 걷고… 그리 걷다 보면 하루 도보량이 30~40km씩은 족히 되었다고 한다. 그 말을 들었을 때 이건 젊음만 가지고 되는 일은 아닐 텐데 하면서, 새삼 그의 끈기와 열정이 그리 부러울 수가 없었다.

기행의 세계는 '간산'과 '관수'의 혼용이다. 간산看山은 "말을 타고 달리면서 손을 들어 산을 보는 일"이고 관수觀水는 긴 부리의 황새가 물속의 고기들을 과녁 삼아 겨냥하는 형상의 문자이다(물을 뚫어져라 보고 부리로 쪼는 일을 의미한다). 그러니까 '간산'과 '관수'를 병행하며 두루 대자연을 합종연횡合從連橫하는 일, 그래서 기행은 늘 산의 높이와 물의 깊이가 한 소쿠리에 담기는 대화엄이기도 하다. 실인즉 이것이 구절양장 같은 기행작가 조영석의 솜씨 있는 기행문장인 셈이다.

나는 우리 시대의 트레이드마크가 된 둘레길은 수도자가 찾아낸 길의 또 다른 이름이라 생각한다. 순례자처럼 때로는 뙤약볕도 폭우도 풍설도 동반하는 도상途上에서 아랑곳없이 이들을 감내하는 일이 다반사일 것이다. '산수'와 '인간'을 늘 한자리에서 어떻게 아우를 것인가를 궁리하면서 걷고 걷고 또 걷기를 계속한 조영석 작가의 지리산둘레길 여정은 멋스러움을 좇아 며칠간의 품을 파는 단순한 낭만의 길이 아니었다. 그는 어쩌면 기자로서의 날것의 본능으로 오체투지의 열정으로 기어이 최종 기착지에 이르기를 작정했을 것이다.

'다른 날의 생일'이 '같은 날의 제사'로

　지리산둘레길은 남원의 주천면에서 그 물길을 열어 운봉-인월-금계-동강-수철-성심원-운리-덕산-위태-하동호-삼화실-대축-하동읍-서당-원부춘-가탄-송정-오미-난동-방광-산동의 구간을 잇는 총 길이 274km의 보행이니 가벼운 셈법으로도 자그마치 680리의 거리가 아닌가. 조영석 작가가 빠짐없이 걸었던 순환로 구간과 길을 잘못 든 발걸음까지 감안하면 실제로는 300km가 족히 넘은 길이었을 터다.

　우리 선인들의 산수관은 두루 요산요수樂山樂水였다. 지금도 자연을 도락취미의 한 품목으로 여기면서 산중생활을 하는 이들을 TV 화면에서 만나는 일이 빈번하다. 자연에 들어 움막과 정자를 짓고 그 속에서 시를 읊고 제자들을 기르고 문학과 역사와 철학을 논하고 잘못된 정치현실을 논박하던 우리네 선인들의 모습이 풍경처럼 다가온다. 그런데 우리 시대의 스승이셨고 무등산을 동네 뒷동산처럼 오르시던 지독한 무등산지기 범대순 시인께서는 벗 삼아 오르는 산이 무등산이었음에도 이를 두고 고산고수苦山苦水라 하셨다. 미음완보로 마주하는 산수와 수행자처럼 하루 도보량이 30~40km를 거니는 일이 어찌 동일의미의 산이겠는가.

　좋아서 걷고 또 걷는 길이라지만 "그늘 한 점 없는 제방 둑길을 걸"으면서는 '숲으로 난 길이 아닌 것'을 투덜댔다는 대목에선 가도 가도 이어지는 무겁고 험한 길을 그저 가야 한다는 생각만으로 걷는 둘레길 보행이 결코 녹록한 길이 아니었음을 솔직히 토로하고 있다. 그러면서도 그는 걷고 걷고 또 걸었던 것이다. 생각하면서 걸었고 투덜대면서 걸었고 걷는 것만이 행복하다는 생각으로 걸었다. 그런 조영석에게 피로가 몰려오는 저녁시간은 선물 같은 불빛이 그리웠을 것이고 별무리처럼 돋아나는 휴식에 감사기도를 올리기도 했으리라.

> 월요일 아침 눈을 뜨면서부터 토요일이 그리워졌다. 개울을 건너고 마을을 지나 산을 넘으며 길은 700리로 이어졌다. 지리산 능선 위로 펼쳐진 푸른 하늘을 난생 처음 본 듯 목이 아프도록 쳐다보고, 어떤 날은 길을 잘못 든 탓에 두 발의 투덜거림을 감내해야 했다. 햇살과 함께 걷다가 쉬고, 쉬다가 걸으며 그들의 언어를 배울 것이다. 길을 걸으면 누구나 시인이 되고 싶고 누구나 식물학자, 천문학자, 인문학자가 되고 싶다.
> ─「숲길에 들어서며」 중에서

고생고생을 무릅쓰고 에둘러 배낭을 메고 둘레길을 향하는 조영석 작가의 출타는 일견 일종의 여행 중독中毒 같은 것이 읽히기도 한다. 그런 의미에서 조영석 작가에게 지리산둘레길은 머리 위에 올린 가르마 같은 오롯한 생의 오솔길이었다. 오솔길이 많은 나라는 철학자가 많다고 한다. 그런 이유로 독일은 유독 많은 철학자를 보유한 나라이다. 길을 걷는 일은 그만큼 명징하고 웅숭깊게 사람의 영혼에 다가가고 분외의 울림을 얻는다는 말일 것이다.『걸으면 행복해지는 지리산둘레길』을 독서하다 보면 지리산둘레길에서 만난 인월, 함양, 산청, 하동, 구례 등의 지명들이 여름밤의 미리내처럼 눈빛을 반짝이며 사유의 길목을 불 밝혀준다. 당장 짐을 싸서 작가가 걸었던 그 길들의 햇살과 달빛과 별무리, 바람과 들꽃 향기와 물소리와 새와 짐승들을 고스란히 만나고 싶어진다.

대자연이 품속처럼 오므린 첩첩산중은 역사의 시간에도 첩첩산중이다. 역사의 골짜기에 슬픔과 미망의 세월이 멈춘 채로 말라붙어 있다. 지금도 흐르지 못하는 아픈 이야기들이 계곡의 웅덩이마다 진물로 고여 있다.

> 산동면 일대는 어느 쪽이었고, 어느 쪽도 아니었던 사람들이 목숨줄을 놓지 않으려 했다는 이유로 죽임을 당해야 했던 비극의 현장이다. 사람들이 면사무소 뒤에서, 학교 운동장에서, 노고단 골짜기에서 개별로 죽거나 집단으로 죽었다. 산동의 상흔은 '다른 날의 생일'이 '같은 날의 제사'로 환치되는 슬픔이다. …그 시절에도 겨울바람은 세상의 끝에서 얼어붙은 가슴들을 파고들고, 놀란 겨울새는 하늘로 올랐을 것이다.
>
> ─ 「20구간 산동 – 주천」 구간 중에서

1948년에 겪은 여순사건의 한 대목 스케치이다. 역사의 시간은 이리 아픈 상채기로 남아 우리들의 상상 중에 슬픈 형상을 떠올리게 한다. 그야말로 "어느 쪽이었고, 어느 쪽도 아니었던 사람들"이 힘 가진 자들의 재물이 되어야 했던 지난날의 그 엄청난 환란을 무슨 수로 설명할 것인가. 도대체 "'다른 날의 생일'이 '같은 날의 제사'로 환치되는 슬픔"들 말이다.

죄가 있어서 그리 된 것도 아니고 그렇다고 서로 간에 원수진 일이 있었던 것도 아니다. 설사 그렇다손 치더라도 어떻게 사람이 사람을 죽이는가. 지리산은 수도승의 장삼 자락처럼 구름자락을 어깨 위에 걸치고 연대蓮臺에 앉아 깊은 명상 중에 말이 없다. "사람들은 면사무소 뒤에서, 학교 운동장에서, 노고단 골짜기에서 개별로 죽고 집단으로 죽"어 나갔으니 이 슬픔을 무슨 염치로 위로할 일인가.

1948년 여순사건 당시, 산동의 열아홉 살 처녀 백부전(본명 백순례)은

"가문의 대를 이어야 하니 오빠를 대신하여 죽으라."는 어머니의 말에 따라 처형장으로 끌려가며 노래를 불렀다.

> 잘 있거라 산동아 너를 두고 나는 간다/열아홉 꽃봉오리 피워 보지 못한 채로/까마귀 우는 골에 병든 다리 절며 절며/달비머리 풀어 얹고 원한의 넋이 되어/노고단 골짜기에 이름 없이 쓰러졌네
>
> — 「산동애가」 1절 가사

백부전이 불렀다는 「산동애가」의 한 대목이다. 세월이 지난 뒤 사람들이 노랫말을 다듬고 곡을 붙여 음반을 냈으나 한동안 금지곡으로 묶여 세상에 나오지 못했다.

실존인물인 백부전은 악귀의 시대에 죽음이 삶을 대신하던 우리의 슬픈 자화상이다. 큰오빠는 일제의 강제징용으로 죽고, 둘째 오빠는 여순사건으로 처형됐다. 셋째인 막내 오빠마저 여순사건과 관련돼 끌려가게 되자 부전나비같던 어린 소녀가 대살代殺로 '가문의 대'를 이었다.

— 「20구간 산동 – 주천 구간」 중에서

무슨 긴 설명이 필요하랴. 문면에 읽히는 그대로만 가지고도 오빠 세 사람 중 둘이 죽었고 나머지 오빠마저 죽을 처지에 놓이자 백부전은 대를 잇는 자리에 선뜻 자신의 목숨을 내놓고 단장의 노래를 불렀던 것이다.

식물과 동물의 극명한 차이는?

'처형장'이라는 말만 들어도 치를 떨던 시대에 피워 보지도 못한 열아홉 꽃봉오리가 끌려가면서 부르는 노래는 그대로 목에서 넘어오는 선홍의 핏덩어리다. 이 노래 '산동애가'가 "세월이 지난 뒤 사람들이 노랫말을 다듬고 곡을 붙여 음반을 냈으나 한동안 금지곡으로 묶여 세상에 나오지 못했다."

니 이 얼마나 기막힌 일인가.

> 길은 구룡치까지 2km 남짓 오르막이다. 깔끄막 치받이길은 아니지만 중간중간 트이는 조망을 눈보다 발이 먼저 보고 쉬어가자고 조른다. 길섶에는 진달래꽃과 생강나무꽃이 각기 홍紅 황黃의 낯빛으로 봄 산을 물들이고, 꽃잎 하나 뜯어 입에 물면 봄은 몸 안에서 자지러진다.
> ―「1구간 주천―운봉 구간」 중에서

"발은 빠르고 눈은 게으르다."는 말이 있다. 눈은 항시 먼 곳을 보지만 걷는 일에서는 한 발자국도 대신 좁힐 수가 없고 종국에는 먼저 포기하게 만드는 것도 눈인 때문이다. 하물며 "진달래꽃과 생강나무 꽃이 각기 홍紅 황黃의 낯빛으로 봄 산을 물들이"는 대자연의 길섶 한 대목을 어찌 무심상 지나칠 수 있겠는가. 그래서 길을 멈추고 뜯어 문 꽃잎 하나가 온몸으로 퍼지면서 봄이 기어코 작가의 몸 안에서 자지러졌던 것이다. 대단한 절창이다.

> 연극인들은 무대에서 공연하다 죽는 것을 꿈꾼다고 한다. 지리산둘레길을 가면서 연극인들의 소망처럼 '숲길을 걷다 죽는 일도 꽤나 괜찮을 것 같다.'는 생각이 들었다. 숲길을 걷다 죽으면 나무가 되거나 바위가 될 것 같았다. 어쩌면, 한 일 년쯤 더 걸으면 죽지 않고 살아서도 나무가 될 수 있을 것만 같았다.
> ―「숲길을 나서며」 중에서

무대에 올라 공연 중에 죽는 일을 소망처럼 꿈꾸는 것이 어찌 연극인들뿐이겠는가. 자신이 좋아하는 일을 하다가 이승의 생을 마치겠다는 생각은 인간이면 누구나 한결같을 것이다. 글쟁이는 컴퓨터 자판을 두드리다가 죽고, 축구선수는 볼을 차다가 죽고, 수영선수는 물에 떠가다가 숨을 거두는 것은 뒤통수가 허전하기는 해도 멋져 보이겠다는 생각은 조영석 작가만의 생각은 아닐 듯싶다.

재미있는 상상으로 숲길 위에서 죽으면 무엇이 될까. 작가는 천년세월에도 변색 없는 나무나 바위를 생각한다. 그러다가 문득 이 자체로 "한 일 년쯤 더 걸으면 죽지 않고 살아서도 나무가 될 수 있을 것만 같다."는 생각에 문득 우문 하나가 떠오른다. 식물과 동물의 극명한 차이는 무엇일까. 한쪽은 움직이면 죽고 다른 한쪽은 안 움직이면 죽는 세계를 함의한다.

췌언이지만 필자가 예술을 설명하는 말에 이런 문장을 만들었다. "서 있는 나무보다는 걸어 다니는 나무가 걸어 다니는 나무보다는 날아다니는 나무가 더 예술적이다." 걷기 위해 태어난 사람이 붙박인 채로 살아야 하는 나무를 꿈꾼다는 것은 그럴 만하다고 여겨지는 측면이 있다. 일단은 내가 가져 보지 못한 세계를 상상 중에 일으킨다는 것은 현실에서는 불가능해도 한 편의 시가 되기에는 충분히 개연적이다. 조영석 작가의 상상은 언제일지는 모르겠으되 현실이 될 것도 같다.

> …권력의 시간은 화려했지만 꽃 한 송이 피어내지 못했고, 숲길의 시간은 소리 없이 흐르면서도 꽃 한 송이 제때에 피어내는 것을 잊지 않았다. 지리산둘레길 스물두 개의 구간은 각각의 사연을 안고 흐르는 하나의 길이었다. 지리산 고리봉에 떨어진 빗방울 하나가 남원의 람천이 되고, 람천은 함양에서 엄천강을 이루어 흐르다 산청에서 다시 경호강이 되어 낙동강으로 가듯, 그리움은 남원 장항마을의 400살 먹은 노루목 당산 소나무에서 하동 대축마을의 600살 된 문암송으로 흐르고, 선비의 자존심은 산청의 남명 조식 선생에게서 구례의 매천 황현 선생으로 이어졌다.
> ─「숲길을 나서며」 중에서

조영석은 물의 몸이 나무의 몸으로 흐르고 나무는 다시 사람의 몸으로 흐르는 것을 선명하게 그려내고 있다. 그리움과 자존감이 흐르고 이어져 역사가 되고 길이 되는 그런 것들 말이다. 걸으면서 배우는 대자연의 위대함은 때 되면 한 가지 품목도 차질 없이 상 차려내는 치밀함에서도 엿볼 수 있다. 이리 되면 한 부분의 자연의 모습으로 대자연 속을 걸어가는 사람의 세월만으로도 낙동강의 수량 하나는 되고도 남을 것 같다.

　인간의 권력은 꽃 한 송이 피워내지 못하고 광화문 광장의 수백만 개의 촛불에 의해 지워지고 마는 일이 고작이다. 허나 지리산둘레길에서 만난 대자연의 위대함은 인간과 동식물을 한자리에 아우르는 오케스트라처럼 소리 소문도 없이 떠났다가 한 치의 오차도 없이 다시 돌아온 것에서도 살필 수 있다. 이리 광활한 우주이건만 그 시작은 자리 자리 고리봉에 떨어진 빗방울 하나에서 비롯된다. 빗방울 한 방울은 람천, 엄천강, 경호강을 거쳐 낙동강으로 흘러들고 "각각의 사연을 안고 흐르는" 522km의 낙동강이 되었던 것이다.

둘레길은 인간이 대자연에게로 귀소하는 한 과정

　둘레길을 걷는 일은 걷다가 마주친 것들에게 자상하게 다가가서 말 걸어주는 일이다. 미리 알고 마중을 나온 풀꽃이나 나무나 바위나 물소리 졸졸거리며 길 가는 계곡물에게 눈을 주고 시늉하다가 바람을 만나면 노래를 날리는 일은 한 조각의 자연인 인간이 대자연에게 귀소하는 한 과정의 일이다. 수도자의 길이 별건가. 우주의 건곤일척이 넓고 좁은들 크고 작은들 무에 문젠가. 곤고한 발끝에서 해가 저물고 달이 뜬다. 별무리는 하늘 가득 욱신거리고 몸은 천근만근 물에 빠진 솜덩어리다. 머리는 무장무장 맑아지고 휴식은 뒷전이다. 도보여행은 도보 중에 한사코 붙잡아가며 말 걸어 속삭이던 것들에게 사람의 자리에서 사람의 표정을 담은 자연을 향한 편지쓰기이다. 되풀이 기억이지만 일상처럼 산행을 하시면서도 고산고수라시던 범대순 시인의 말씀이 그리도 선명할 수가 없다. 어찌 바다를 두고 한두 쪽

밖의 물로 이렇다 저렇다 용훼할 일인가. 작가 조영석의 기행 작업은 그 자체로 한 방울의 빗방울이고 빗방울에서 시작한 강물이고 정자나무고 그리움이고 지리산둘레길에서 만난 것들의 존재적 자존감이다. 인간에게 이 같은 자존감마저 없다면 그때는 인간을 포기한 것과 뭐가 다른가. 조영석이 자존감으로 세운 지리산둘레길의 글탑은 그래서 더 단단하고 더 오묘하고 더 웅숭깊다. 만져보고 들여다보고 안아 보면 물씬 글탑의 향기가 독자의 몸에서 자지러질 것 같은.

Robert Louis Stevenson's
THE STRANGE CASE OF Dr Jekyll and Mr HYDE
지킬 박사와 하이드

Wordsmith	: C E L Welsh
Penciller	: Lalit Kumar Sharma
Inker	: Jagdish Kumar
Colourist	: Vijay Sharma
Letterers	: Bhavnath Chaudhary
	Laxmi Chand Gupta
Editors	: Divya Dubey
	Eman Chowdhary
Editor (Informative Content)	: Pushpanjali Borooah

Cover Artists:

Illustrator	: Lalit Kumar Sharma
Colourist	: Vijay Sharma
Designer	: Jayakrishnan K P

Copyright © 2010 Kalyani Navyug Media Pvt Ltd

All rights reserved. Published by Campfire, an imprint of Kalyani Navyug Media Pvt Ltd.
Korean Translation Copyright © 2012 by Hyejiwon Publishing

No part of this publication may be reproduced, stored in a retrieval system, or transmitted in any form or by any means, electronic, mechanical, photocopying, recording, or otherwise, without written permission from the publisher.